Annette Heimroth
Brigitte Bornschein

VEGAN &
VOLLWERTIG
GENIESSEN

HÄDECKE

IMPRESSUM

© 2010 Hädecke Verlag GmbH & Co.KG, Weil der Stadt
www.haedecke-verlag.de
8 | 2016

Rezeptlektorat: Monika Graff
Foodfotos und Cover: Walter Pfisterer, Stuttgart
Reproduktion Foodfotos: Snap Postproduction, Stuttgart
Foodstyling: Zuzana Vintišková, Ludwigsburg

Schmuckbilder: iStockphoto.com (S. 9 links © David Stephenson, Mitte und S. 188 © Nolwenn Daniel, rechts © Pgiam; S. 12 © Kelly Cline; S. 14 © Tomas Bercic; S. 17 links © Lehner, Mitte © Marie Fields, rechts © Roberto Vannucci; S. 19 © dominiquelandau; S. 22 links © jeff giniewicz, Mitte © Claudio Arnese, rechts und S. 100 © Liza McCorkle; S. 25 links © Steve Snyder, Mitte © Maris Zemgalietis, rechts © cre8tive_studios; S. 26 links © Elena Elisseeva, rechts © Srdjan Stefanovic; S. 31 © Chris Gramly; S. 41, 114, 184, 195 © Joe Biafore; S. 42 © Shane Folkertsma; S. 60 © Wolfgang Eichentopf; S. 62, 175 © Torsten Schon; S. 65 © Bart Sadowski; S. 68 © Eddie Berman; S. 71 © Han v.Vonno; S. 77 © WEK WEK; S. 81 © Ian Hubball; S. 84 © Monika Adamczyk; S. 87 © Guillermo Perales Gonzales; S. 105, 126 © Stepan Popov; S. 109 © travelif; S. 115 © knape; S. 119 © Magdalena Kucova; S. 129, 140 © Wojtek Kryczka; S. 148 © Chris Price; S. 170 © Emilie Duchesne; S. 171 © Yuriy Sukhovenko; S. 174 © Crisma; S. 178 © Erci Naud; S. 182 © Jorge Delgado; S. 186 © Tibi Popescu; S. 201 © Alkimson; S. 206 © webphotographeer), Shutterstock Images (S. 33 © Laura Gangi Pond; S. 48 © Lasse Kristensen; S. 52 © Vakhrushev Pavel; S. 56 © Flavio Massari; S. 89 © OlegD; S. 94 © PeJo; S. 102 © delihayat; S. 154 © EugeneF); S. 212 © Heimroth/Bornschein

Gesamtgestaltung: Julia Graff unter Verwendung einer Illustration von AllFreeVectors/vecteezy.com
Satz: Arnold & Domnick, Leipzig

Printed in EU 2016

Gesetzt in der Museo und Museo Sans von Jos Buivenga /exljbris, NL
Druck auf chlorfrei gebleichtem FSC-Papier aus nachhaltiger Forstwirtschaft.

ISBN 978-3-7750-0573-9

ABKÜRZUNGEN UND MASSE

Die verwendeten Springformen haben soweit nicht anders angegeben einen Durchmesser von 26 cm.

TL = Teelöffel	**ml** = Milliliter	**T.** = Tasse	**P** = Paket
EL = Esslöffel	**l** = Liter	**Msp** = Messerspitze	**Pck** = Päckchen
		Bd = Bund	**TK** = Tiefkühl

Die Rezepte sind, sofern nicht anders angegeben, für vier Portionen berechnet.

DANKSAGUNG

Wir bedanken uns herzlich bei unserer Freundin Agnes Göllmann für die leckeren Rezepte, die sie für dieses Buch beigesteuert hat. Von ihr stammen der Obstsalat, der Salat mit Roter Bete und Apfel sowie die Spaghettisauce. Auch Ingrid Henss, Gesundheitsberaterin GGB, hat tolle Rezepte beigesteuert wie das Zucchini-Carpaccio und das Ingwer-Knoblauch-Dressing. Mokani, unsere gute Bekannte Monika Trappe, gab uns das Rezept für die vegane „Leberwurst". Von Marga Müller stammt das Rezept für Omas Kartoffelsuppe. Katharina Tenbergen hat das Schokoladeneis-Rezept beigesteuert. Auch ihnen sei dafür herzlich gedankt.

Großen Dank auch an unseren lieben Freund Wasmut Reyer, der uns bei Formulierungsfragen zur Seite stand und uns auf die Idee brachte, auf der Frankfurter Buchmesse nach einem Verlag für unser Buch zu suchen – was sich letztendlich als Glücksfall herausstellte. Viel Geduld bewies auch Brigitte Bornscheins Partner Hans-Peter Wutschka, der unsere Kreationen unermüdlich kostete. Sein kritischer Rat war uns allseits eine Hilfe und willkommen.

Für ihre Unterstützung sei diesen beiden Männern aufs Allerherzlichste gedankt – ohne Euch hätte das Buchprojekt nicht gelingen können.

Dem Hädecke-Verlag und Simone Graff sei vielmals gedankt für die gelungene Umsetzung unserer Ideen und Texte in dieses schöne Buch.

Unser besonderer Dank gilt einer großartigen Frau, die wir persönlich sehr schätzen: Barbara Rütting. Ihr Vorwort und Ihre Unterstützung für dieses Buch machen uns hoffnungsfroh und sind uns eine große Ehre.

Wir schätzen uns glücklich, dass so viele Menschen mitgeholfen haben, damit unser Traum, der 2004 in Graz begann, Wirklichkeit werden konnte. Ihnen/Euch allen: Danke!

Inhaltsverzeichnis

Hinweise und Tipps zur gesunden Ernährung

Salate und Gemüse ab Seite 31

Suppen und Saucen ab Seite 89

Hauptgerichte ab Seite 110

Rezepte

Anhang

Konfekt ab Seite 177

Endlich! Es ist da – von vielen Tierfreundinnen und -freunden herbei gesehnt: Ein veganes Kochbuch, das auch den Prinzipien der Vollwerternährung gerecht wird!

Großer Dank an die beiden Autorinnen Annette Heimroth und Brigitte Bornschein, die sich mit enormem Einsatz an dieses Thema wagten – und an den Hädecke Verlag, der sich zu einer Veröffentlichung entschied, obwohl viele Verlage das Manuskript abgelehnt hatten.

Ein vegetarisches Kochbuch, schön und gut. Aber rein vegane Kost? Dafür gebe es doch nicht genügend LeserInnen, hieß es.

Nun, die Zeiten wandeln sich. Als ich 1976 mein erstes rein vegetarisches Kochbuch schrieb, das sogar noch reichlich Produkte von lebenden Tieren enthielt wie Milch, Sahne, Butter, Eier und Honig, bekam auch ich zu hören: „So ein Buch geht nie!" und wurde als spinnerte Biobacktante verhöhnt: Ich würde schon sehen, wohin ich mit meiner fleischlosen Ernährung käme. Ohne tierisches Eiweiß könnte ich meinen Eiweißbedarf niemals decken und davon brauche man pro Kilo Gewicht mindestens 1 Gramm pro Tag (ich mit meinen 60 Kilo also ca. 60 Gramm) – und die Lebenskraft, die stecke doch nun mal im Fleisch, sonst drohe überdies Eisenmangel und was sonst noch alles.

Allen Unkenrufen zum Trotz: Mein Kochbuch wurde ein Bestseller! Noch heute berichten mir begeisterte Menschen, dass sie über meine köstlichen Rezepte zum Vegetarismus fanden. Vegetarier mussten sich damals bei Fleischessern regelrecht entschuldigen, wenn sie den Braten verschmähten und sich „nur" mit dem Salat begnügten. Heute entschuldigen sich diejenigen, die „noch" Fleisch essen. Da höre ich dann: „Aber auch nur noch ganz wenig, und wenn, dann nur Pute." Und was den Konsum von Eiern angeht: „Schrecklich, die armen Käfighühner – ich kaufe nur noch Eier von freilaufenden glücklichen Hühnern, Käfigeier nehme ich nur zum Backen!" Doch die Pute ist genau wie die Käfighenne zu einem qualvollen, freudlosen Dahinvegetieren verdammt. Auf Demos skandieren Tierrechtler immer häufiger „keine Eier, keine Eier, keine Eier".

Nicht nur die Frage der „Gesundheit" leidet an einem Mangel an Informationen, die der Öffentlichkeit vorenthalten werden, auch der Tierschutz hat dieses Informationsproblem. Konsequenter Tierschutz heißt letzten Endes: nicht nur vegetarisch leben, sondern vegan – ohne jegliche Produkte vom Tier, keine vom toten und keine vom lebenden.

Wer Fleisch und Wurst vom Speiseplan streicht, sei es aus gesundheitlichen oder ethischen Motiven, verzehrt im Allgemeinen zunächst zu viele Milchprodukte, vor allem Käse. Viele verspüren dann allmählich den Wunsch, vegan zu leben. Mancher ernährt sich dann nur noch von Cola und Pommes, lebt zwar vegan, ihm fehlen aber die Vitalstoffe – und irgendwann wird dieser Mensch krank. Andere essen weiterhin aus Gewohnheit Gerichte aus Auszugsmehl und/oder mit Industriezucker gesüßt und verzehren industriell hergestellte Fette; auch dieser „Pudding"-Vegetarismus ist keine Lösung. Häufig greifen neue VeganerInnen wiederum zu Fertigprodukten, die zwar Nahrungsmittel, aber keine Lebensmittel mehr sind.

Die Krux bei den bisherigen Kochbüchern ist: Entweder sind sie vollwertig im Sinne von Kollath und meinem geliebten Lehrmeister Dr. Max Otto Bruker, enthalten aber noch Produkte vom lebenden Tier wie Milch, Sahne, Butter und Eier (auch meine Kochbücher) oder sie sind vegan, aber eben nicht vollwertig. Mir war klar: Ganz neue Rezepte mussten her. Nichts mehr vom toten Tier, logisch. Was aber verwenden statt Milch, Sahne, Butter, Eiern und Honig?

Durch meine Arbeit im Landtag kam ich nicht dazu, selbst zu experimentieren und ein Kochbuch zu schreiben, das beiden Anforderungen gerecht wird. Hier ist es, Freunde und Freundinnen! Mit fantastischen veganen Rezepten, die nicht nur köstlich schmecken, sondern auch jede kritische Frage danach verstummen lassen, wie denn bei rein veganer Kost ein Mangel an Eiweiß, Eisen oder Vitamin B_{12} vermieden werden könne.

Man spürt, hier waren zwei Praktikerinnen am Werk. Annette wurde wie ich in Dr. Brukers Gesellschaft für Gesundheitsberatung zur Gesundheitsberaterin ausgebildet, bei Charlotte Probst in Graz zur Tierschutzlehrerin. Sie hält Vorträge über Vollwertkost, leitet Fastenseminare und Frischkostwochen. Brigitte ist Hauswirtschafterin in einer Einrichtung der Gemeinschaftsverpflegung und begeisterte Veg900köchin – und beiden liegt der Schutz der Tiere am Herzen.

Eine allmähliche Reduzierung des Verzehrs aller tierlichen Produkte bis auf Stufe Null, nicht nur von Fleisch und Fisch, sondern auch von Milchprodukten und Eiern, kommt sowohl der menschlichen Gesundheit und dem Tierschutz als auch dem Klimaschutz zu Gute. Das wird allmählich sogar von konventionellen Kreisen eingesehen. Sieben bis zehn Kilo pflanzliches Eiweiß sind als Futtermittel nötig, damit ein Kilo tierisches Eiweiß entstehen kann. Der Umweg über das Tier bedeutet also eine ungeheure Verschwendung, zumal wenn man bedenkt, dass täglich ca. 100.000 Menschen weltweit verhungern. Ebenso wichtig ist es aber auch, den Verzehr von Milchprodukten zu verringern. Im Nachwort lassen die beiden Autorinnen ihre LeserInnen kurz und bündig an ihren Gedanken zur heutigen „Tierproduktion" teilhaben.

Wir können nicht nur, wir müssen Tier- und Klimaschutz auch mit Messer und Gabel betreiben! Durch die Art, wie ich mich ernähre, trage ich dazu bei, ob diese schöne Erde noch zu retten ist oder zugrunde geht. Ernährung ist nicht (länger) Privatsache, sondern ein Politikum. Die Zukunft ist vegan! Der eigenen Gesundheit zuliebe, der Natur, dem Tierschutz und unserem Planeten.

Eine Bitte an alle Vegetarier, Noch-nicht-Vegetarier, Veganer, Rohköstler, Tierrechtler und Sonstige: Hört auf mit der Streiterei, wer von uns es am besten macht! Haben wir Geduld mit all denen, die noch nicht so weit sind, wie wir (zu sein glauben).

Den beiden mutigen Autorinnen und dem Verlag wünsche ich, dass dieses wichtige Buch ein großer Erfolg wird.[1]

Barbara Rütting im Sommer 2010

---

[1] Buchtipp der Redaktion: Wer mehr von Barbara Rütting lesen möchte, dem seien ihre Bücher empfohlen, z. B. „Wo bitte geht's ins Paradies? Burnout einer Abgeordneten und Neuanfang" (Verlag Herbig). Rütting zählt seit Jahrzehnten zu den aktivsten Befürworterinnen einer gesunden vollwertigen Ernährung, die eine konsequente ökologische Produktion von Lebensmitteln, die den Tierschutz einschließen, verfolgt.

Vorwort der Autorinnen

Liebe Leserin, lieber Leser!

Sicher gibt es schon eine Menge Bücher über vegetarische, vegane – also „tierfreundliche" – Küche und noch eine ganze Menge mehr über „gesunde Kost". Dennoch fehlte bisher ein Buch wie das Ihnen vorliegende, denn es verbindet endlich die Erkenntnisse einer gesunden, vitalstoffreichen Vollwertkost mit dem Rezeptreichtum der veganen Ernährung.

In vegetarischen Vollwert-Kochbüchern wird zwar fleischlos, aber noch mit Eiern und Milchprodukten gearbeitet. Für konsequent tierethisch eingestellte Menschen ist diese Ernährung nicht akzeptabel, denn dadurch werden weder Ausbeutung noch Tod der Tiere vermieden. Vegane Kochbücher berücksichtigen dieses zwar, beachten aber den Gesundheitsaspekt zu wenig. In ihnen finden sich teilweise sehr minderwertige Nahrungsmittel wie z. B. Soja-Fertigprodukte, Auszugsmehle, Fabrikzucker und Fabrikfette. Daher basieren unsere Küchentipps und neu entwickelten Rezepte auf dem Wissen von Dr. med. Max Otto Bruker.[2] Seine gesundheitsfördernde vitalstoffreiche Vollwertkost ergänzen wir durch den Aspekt der Tierethik.

Um sich nicht nur einfach, natürlich und tierfreundlich, sondern auch schmackhaft und dauerhaft gesund ernähren zu können, musste unserer Meinung nach endlich ein Kochbuch geschrieben werden, das alle diese Gesichtspunkte berücksichtigt. Für uns ist dies ein wichtiger Schritt auf einem konsequenten Weg der Achtung vor uns und unseren Mitgeschöpfen, der dabei das für uns selbst Erforderliche berücksichtigt. Genießen mit gutem Gewissen, das ist unser Credo!

Ihre Annette Heimroth und Brigitte Bornschein

---

[2] Dr. med. Max Otto Bruker (1909–2001) war ein ganzheitlich orientierter Arzt, der die Ursache der meisten Zivilisationskrankheiten in einer falschen Ernährung sah. Er ist Autor zahlreicher Bücher und trat Zeit seines Lebens für eine vollwertige Ernährung ein. Die von ihm gegründete Gesellschaft für Gesundheitsberatung bildet noch heute Interessierte zu Gesundheitsberaterinnen und -beratern GGB aus.

Hinweise und Tipps zur gesunden Ernährung

Nachdem bei Annette Heimroths Sohn als Baby Neurodermitis diagnostiziert wurde, stellte die Familie die Nahrung auf frischkostbetonte, tiereiweißfreie Vollwertkost um. Unterstützt wurde die Behandlung des Jungen durch homöopathische Medikamente. Mit 1¼ Jahren war das Kind komplett ekzemfrei und ist bis heute gesund geblieben. Aufgrund dieses Erlebnisses, das für Heimroth fast an ein Wunder grenzte, machte sie die Ausbildung zur Gesundheitsberaterin GGB und ist heute noch froh, dass sie damals Dr. Bruker persönlich kennenlernen konnte. Seitdem hat sie schon viele Menschen von dieser gesunden, ausgesprochen schmackhaften Kost in Kursen und Vorträgen überzeugen können.

Gesunde Ernährung – was ist das?

Was heute in der Werbung und in manchen Zeitschriften als „gesund" bezeichnet wird, dient in erster Linie dazu, die Umsätze der Nahrungsmittelindustrie zu erhöhen, aber sicher nicht unserer Gesundheit. Die langwierige und von Lobbyisten der Konzerne immer wieder torpedierte Diskussion um die Ampelkennzeichnung auf EU-Ebene zeigt dies nur zu deutlich. Daher ist es wichtig, sich auf neutrale und von der Industrie unabhängige Informationsquellen verlassen zu können, wie dies beispielsweise die Gesellschaft für Gesundheitsberatung (GGB) in Lahnstein gewährleistet.

Eine gesunde Ernährung ist immer „artgerecht" und enthält alles, was unser Organismus zu seiner Erhaltung und für seine Art benötigt. Sie ist weitgehend frei von Fabriknahrungsmitteln (verarbeitete, raffinierte Nahrungsmittel) und *so natürlich wie möglich*.
Die vitalstoffreiche Vollwertkost basiert auf den Erkenntnissen Maximilian Oskar Bircher-Benners, Werner Kollaths und Max Otto Brukers. Diese Ernährung enthält nicht nur die Grundnährstoffe wie Eiweiße, Fette und Kohlenhydrate, sondern alle biologischen Wirkstoffe, die der Mensch unbedingt für gesunde Stoffwechselabläufe benötigt. Sie sind sozusagen das Handwerkszeug zur Verarbeitung der Nahrung.
Diese biologischen Wirkstoffe bezeichnet man als *Vitalstoffe* (von lat. vita = das Leben). „Vitalstoffe sind: Vitamine (fett- und wasserlösliche), Mineralstoffe, Spurenelemente, Enzyme (auch Fermente genannt), ungesättigte Fettsäuren, Aromastoffe und Faserstoffe (sog. Ballaststoffe)."[3] Fehlen Vitalstoffe in der Nahrung, kommt es früher oder später zu Zivilisationskrankheiten.

[3] Quelle: „Unsere Nahrung – unser Schicksal" von Dr. M.O. Bruker, emu-Verlag.

Bei der vitalstoffreichen Vollwertkost gibt es keine Verbote, sondern Empfehlungen. Dr. Bruker gibt aus seiner ärztlichen Praxis und klinischen Erfahrung folgenden einfachen Rat [4]: *„Zu meiden sind:*

- alle Fabrikzuckerarten, also gewöhnlicher weißer Haushaltszucker, brauner Zucker, Fruchtzucker (Fructose), Traubenzucker (Dextrose), Milchzucker (Laktose), Malzzucker (Maltose), sog. Vollrohrzucker (Sucanat), Ur-Süße, Ur-Zucker, Rapadura, Demerara, Panelista, Melasse, Rübensirup, Ahornsirup, Apfel-, Birnen- und Agavendicksaft, Frutilose, Maltodextrin, Reis- und Gerstenmalz, Glucosesirup, Leukrose, Mascobado u. a. immer wieder neu entwickelte Sorten.
- Auszugsmehle und daraus hergestellte Produkte wie Weiß-, Grau- und Toastbrot, Brötchen, Kuchen, Nudeln, geschälter Reis.
- Fabrikfette (Margarinen und raffinierte Öle).
- Säfte, gekochtes Obst, Trockenfrüchte (gilt besonders für Magen-Darm-Empfindliche).

Gegessen werden sollte täglich:

- ein gut schmeckendes Frischkorngericht.
- Vollkornbrot, Vollkornprodukte.
- Frischkost, d. h. Rohkost (für den Gesunden gilt mind. 1/3 als Richtlinie, für den Kranken mehr!).
- naturbelassene Fette (kalt gepresste unraffinierte Öle und in Form von Nüssen, Mandeln und Ölsaaten wie Leinsamen, Mohn, Sesam, Sonnenblumenkerne)." [5]

Wichtig ist, dass auch die *Fette*, die wir essen, lebendige, möglichst naturbelassene Fette sind. Von lebendigen Fetten wird man nicht dick. Im Gegenteil: Sie kurbeln den Stoffwechsel an. Tiereiweiße in Form von Milch, Quark, Joghurt, Käse, Eiern, Wurst, Fisch und Fleisch sind in der normalen Vollwerternährung stark einzuschränken, für einen vegan lebenden Menschen kommen sie ohnehin nicht in Frage.

Tierisches Eiweiß wird in den letzten Jahrzehnten im Übermaß verzehrt. Bei bestimmten Krankheiten (z. B. Hautausschläge, Neurodermitis, Heuschnupfen, Asthma, ständige Infektanfälligkeit, Rheuma) sollte es gemieden werden. Auch zur Vorbeugung wäre die Einschränkung der tierischen Eiweiße wichtig, da der menschliche Organismus gar nicht in der Lage ist, große Mengen davon so zu verstoffwechseln, dass keine krankmachenden Reste davon im Körper anfallen.

Abgesehen davon ist der Eiweißbedarf bei einer vegetarischen bzw. veganen vitalstoffreichen Vollwertkost ausreichend gesichert. Alle Pflanzen enthalten alle notwendigen Aminosäuren; aus Aminosäuren werden die Proteine (Eiweiße) aufgebaut.

Der Ernährungsforscher Prof. Dr. Werner Kollath (1892–1970) definierte seinerzeit „Die Ordnung unserer Nahrung". Danach gehören zu den *Lebensmitteln* die natürlich gewachsenen Früchte des Feldes. Als *Nahrungsmittel* bezeichnete er sie, wenn sie durch Erhitzung, Konservierung oder Präparierung verändert werden, denn mit jedem industriellen Fertigungsprozess – aber auch mit jedem gewöhnlichen Kochen – geht ein Wertverlust der Nahrung einher. Der Verlust bei den Enzymen in gekochter Nahrung beträgt 100 %. [6]

Durch eine Umstellung seiner Ernährung auf vitalstoffreiche Vollwertkost kann jeder von uns den meisten ernährungsbedingten Zivilisationskrankheiten vorbeugen – das sind immerhin 80 % aller Erkrankungen.

---

[4] Quelle: „Unsere Nahrung – unser Schicksal" von Dr. M. O. Bruker, emu-Verlag.
[5] Dr. Bruker empfiehlt bei den naturbelassenen Fetten zudem noch Butter und Sahne. Da dies aber ein veganes Vollwertkochbuch ist und es sich hier um Milchprodukte handelt, verzichten wir darauf.
[6] Quelle: „Ernährung für Mensch und Erde" von Christian Opitz, Nietsch Verlag.

Warum erkranken immer mehr Menschen trotz des Fortschritts der medizinischen Forschung?

Eine der Antworten auf diese Frage ist, dass die Medizin sich nicht um die Ursachen der Erkrankungen kümmert, sondern sich darauf konzentriert, die Symptome zu behandeln. Eine Tatsache, die vor den folgenden Statistikbeispielen verwundert, denn 98 % der zehnjährigen Kinder sind heute von Karies befallen, jeder dritte Erwachsene stirbt an Herz-Kreislauf-Erkrankungen, jeder vierte an Krebs und jedes dritte Kind in Deutschland ist übergewichtig. Jährlich werden über 70 Milliarden Euro für *ernährungsbedingte Zivilisationskrankheiten* ausgegeben.[7]

„Nachweislich ernährungsbedingt sind:[8]

▶ der Gebissverfall (Zahnkaries, Parodontose, Zahnfehlstellungen).
▶ Rheuma, d. h. alle Erkrankungen der Bewegungsorgane wie Arthritis, Arthrose und Wirbelsäulenschäden.
▶ alle Stoffwechselkrankheiten wie Fettsucht, Zuckerkrankheit, Leberschäden, Gallen- und Nierensteine, Gicht,
▶ die meisten Erkrankungen der Verdauungsorgane: Stuhlverstopfung, Leber-, Gallenblasen-, Bauchspeicheldrüsen- sowie Dünn- und Dickdarmerkrankungen, Verdauungs- und Fermentstörungen.
▶ Gefäßerkrankungen wie Arteriosklerose, Herzinfarkt, Schlaganfall und Thrombosen.
▶ mangelnde Infektabwehr, die sich in immer wiederkehrenden Katarrhen und Entzündungen der Luftwege, den sog. Erkältungen, und in Nierenbecken- und Blasenentzündungen äußert.
▶ sog. Allergien (Ekzeme aller Art, die sog. Neurodermitis, Heuschnupfen, Asthma).
▶ manche organische Erkrankungen des Nervensystem, z. B. Multiple Sklerose.
▶ zum großen Teil auch Krebs".[9]

Wenn Sie bereit sind, Ihre Ernährungsweise in eine natürliche Richtung zu ändern, werden Sie so manches „Aha-Erlebnis" – nicht nur auf gesundheitlicher Ebene – haben. Was beide Autorinnen immer wieder auch bei anderen spüren, ist eine tiefere Zufriedenheit. Dies mag daraus resultieren, dass in ein bewussteres Empfinden alle Lebewesen und die Natur miteinbezogen werden. Dass solch ein „ganzheitliches Leben" nicht einfach von heute auf morgen erreicht werden kann, ist klar. Die Autorinnen möchten Sie aber ermutigen, es einmal auszuprobieren. Auch viele kleine Schritte führen ans Ziel.

Zudem ist eine vitalstoffreiche Vollwerternährung auch budgetschonend, denn *Nahrungsergänzungsmittel* sind nicht mehr nötig. Vitamine und andere Vitalstoffe sind ausreichend in natürlicher Form in pflanzlicher Rohkost (besonders in Wildkräutern) enthalten – vorausgesetzt, Ihre tägliche Kost besteht aus mindestens 1/3 unerhitzter Nahrung.
Erst recht nicht nötig und sogar schädlich sind *Lebensmittelzusatzstoffe* wie die meisten der sog. E-Nummern: Farbstoffe, Konservierungsmittel, Antioxidanzien, Emulgatoren, Stabilisatoren, Säuerungsmittel, Gelierverdickungsmittel und Geschmacksverstärker.[10] Vermeiden Sie den Kauf solcher Produkte, wenn Sie sich konsequent gesund ernähren möchten.

[7] Quelle: „Essen wir uns gesund" von Barbara Rütting, Nymphenburger Verlag.
[8] Hinweis der Redaktion: Hier spielen auch genetisch bedingte Dispositionen eine Rolle, wobei allein die Erbanlage noch nicht darüber entscheidet, ob eine Krankheit ausbricht oder nicht. Menschen, die familiär vorbelastet sind, sollten sich über gesunde Ernährung Gedanken machen und eine Umstellung mit ausgebildeten Therapeuten besprechen.
[9] Quelle: „Unsere Nahrung – unser Schicksal" von Dr.M.O. Bruker, emu-Verlag.
[10] Buchtipp: „Vorsicht Geschmack. Was ist drin in Lebensmitteln" von Udo Pollmer, Cornelia Hoicke und Hans-Ulrich Grimm, rororo.

Frischkost voraus!

Dr. Bruker versteht unter Frischkost „Salate aus rohem Obst und rohem Gemüse sowie Frischkorngerichte. Frischkost wird stets vor der warmen Mahlzeit gegessen und sollte so abwechslungsreich wie möglich zusammengestellt werden. *Faustregel:* Täglich zwei über und zwei unter der Erde gewachsene Gemüsesorten und möglichst zu jeder Mahlzeit Blattsalat. Wenn diese Kombination nicht immer so genau eingehalten werden kann, ist das nicht tragisch. Sie sollten sich aber bemühen, mehr als zwei Gemüsesorten als Salat auf den Tisch zu bringen, denn es geht ja schließlich um Ihre Gesundheit! Denken Sie daran? Täglich *mindestens 1/3 der Gesamtnahrung als Frischkost* essen!"[11]

Erntefrisches Gemüse steckt voller Vitalstoffe, die uns gut tun.

Je größer der Frischkostanteil Ihrer Ernährung, umso größer ist auch die Chance, gesundheitliche Probleme wieder in den Griff zu bekommen. Wichtig ist dabei, dass sämtliche Lebensmittel möglichst aus kontrolliert biologischem Anbau stammen (siehe auch Hinweise auf Seite 21 f.).

Frischkost ist die qualitativ hochwertigste Nahrung, die im wahrsten Sinne des Wortes noch *Lebensmittel* ist. Lebendiges kann nur durch Lebendiges weiterbestehen und schon vor ca. 100 Jahren erkannte der Schweizer Arzt Dr. Maximilian Oskar Bircher-Benner, dass die pflanzliche Rohkost eine Heilnahrung par excellence ist.

Je mehr die Nahrung vom natürlichen Ursprung abweicht, desto minderwertiger wird sie. Unserer Gesundheit zuliebe lohnt es, auf Konserven, Präparate, Imitate und genmanipulierte Nahrung zu verzichten, die im prinzipiellen Verständnis nur noch „tote" Nahrung ist. Solche Nahrungsmittel sind nur noch in der Lage, uns satt zu machen. Niemals erhalten sie aber unsere Gesundheit.

Häufig bringen Kritiker hervor, dass eine vegane Kost eine Mangelernährung sei und der Körper nicht ausreichend mit Kalzium, Eisen, Eiweiß usw. versorgt werden könne. Dies trifft

[11] Quelle: „Rheuma – Ursache und Heilbehandlung" von Dr. M.O. Bruker, emu-Verlag.

für die vollwertige vegane Ernährung in keinem Fall zu, denn in pflanzlicher Rohkost, wie in Obst, Gemüse, Getreide (im ganzen Korn!) und in Keimlingen sind all diese Stoffe ausreichend zu finden. Dr. Bruker machte diese Erfahrung: „Vollwertig lebende Vegetarier erleiden keinen Vitaminmangel und auch keinen B_{12}-Mangel. Vegetarier leben nicht nur gesünder als übliche Esser, sondern sie sind es auch. Dies ist nicht nur durch Vegetarierstudien belegt, sondern kann – solange die Welt steht – weltweit an Bevölkerungsgruppen nachgewiesen werden, die weder Fisch, Fleisch, Milch noch Ei gegessen haben. Sie sind gesund und leistungsfähig. Die Menge an Vitamin B_{12}, die der Mensch benötigt, ist außerordentlich gering. Der Bedarf an B_{12} ist bei Ernährung mit reiner Pflanzenkost wesentlich geringer als beim Verzehr von Tieren. Vitamin B_{12} wird von Bakterien im Dickdarm erzeugt. Dies setzt eine gesunde Darmflora voraus. Die enzymreiche Frischkost hat auf die Darmflora einen ausgesprochen regenerierenden Einfluss, während Fleischkost ungünstig wirkt. Vitamin-B_{12}-Mangel ist also kein vegetarisches Problem, sondern in erster Linie ein Problem der Darmflora."[12]
Dr.med. Jürgen Birmanns, Nachfolger von Dr. Max Otto Bruker und Arzt im Dr. Max-Otto-Bruker-Haus in Lahnstein, bestätigt: „Die Ausagen von Dr. Max Otto Bruker sind keineswegs überholt. [...] Wenn die Empfehlungen von Dr. Bruker aus seinem Standardwerk ‚Unsere Nahrung – unser Schicksal' konsequent umgesetzt würden, käme es nicht zu Vitalstoffmangel."
Je geringer der Anteil an sogenannten Nährstoffräubern wie raffiniertem Zucker, Auszugsmehlen, industriell verarbeiteten Fetten und je höher der Anteil an Frischkost in ihrer Ernährung ist, desto weniger müssen Sie sich um Mängel in Ihrer Ernährung oder um eine Unterversorgung mit Vitaminen, Eiweißen, Mineralstoffen und Spurenelementen sorgen.

Kraft aus dem vollen Korn

„Das Getreide gehört seit vielen Jahrtausenden zu den Grundnahrungsmitteln der Menschen. Bis vor ca. 120 Jahren verzehrten sie es in seiner Ganzheit, einschließlich Randschichten und Keim. In Mühlen wurde das Korn vermahlen. Dieses Vollkornmehl hatte den Nachteil, dass es nicht haltbar und lagerfähig war, da der Fettanteil des Getreidekeims ranzig wurde. Im Industriezeitalter fand man Möglichkeiten, die Grundnahrungsmittel technisch und chemisch zu verändern. Beim Getreide entfernte man vor dem Mahlen Randschichten und Keim. Damit machte man das Mehl lagerfähig, aber auch zu einer *Mehlkonserve*, die kaum noch lebenswichtige Vitalstoffe enthielt", so Dr. Bruker.[13] Für ihn ist das „die Geburtsstunde der ernährungsbedingten Zivilisationskrankheiten, denn im Keim und in den Randschichten befinden sich biologische Wirkstoffe, die für die Erhaltung der Gesundheit unerlässlich sind".

Das steckt im *Getreidekorn*:
▶ Der Getreidekeim enthält neben hochwertigem Eiweiß Keimöl, Mineralstoffe (Phosphat, Kalium, Kalzium und Magnesium), Vitamine des B-Komplexes (vor allem Vitamin B_1, aber auch B_2, B_6, Pantothensäure, Nikotinsäureamid, Folsäure und Biotin), Vitamin E und K sowie Inosit[14] und Spurenelemente (Kieselsäure, Eisen, Zink, Mangan, Kupfer, Bor, Aluminium, Selen, Molybdän, Nickel, Arsen, Fluor, Jod, Kobalt, Chrom, Blei, Brom, Zinn, Titan, Silber).

[12] Quelle: „Ärztlicher Rat aus ganzheitlicher Sicht" von Dr.M.O. Bruker, emu-Verlag. Buchtipp mit ergänzenden Informationen zum Thema: „Volkskrankheit Vitamin-B_{12}-Mangel" von Th.Klein, Hygeia-Verlag.
[13] Quelle: „Kleinschriftensammlemappe: Unser täglich Brot – eine tote Nahrung?" von Dr.M.O. Bruker, emu-Verlag.
[14] Inosit, fachsprachlich auch Inositol, ist ein sogenanntes Vitaminoid (vitaminähnlicher Stoff), der früher den B-Vitaminen zugeordnet wurde. Es ist in den Randschichten des Getreides wie auch im Getreidekeim als Phytat vorhanden und hat eine antioxidative Wirkung.

- Im Mehlkern steckt die Stärke, dieser wird auch als Mehlkörper bezeichnet. Aus ihm werden die sog. Auszugsmehle gewonnen und er enthält neben Kleber und Kohlenhydraten nur noch verschwindend geringe Anteile an Vitaminen und anderen Vitalstoffen.
- Die Aleuronschicht ist reich an Fermenten und Vitaminen, dazu enthält sie Aminosäuren und Lezithin.
- Die Samenschale ist reich an Eiweiß und sehr mineralstoffreich.
- Die Fruchtschale enthält Rohfasern und Vitalstoffe.

Im Auszugsmehl sind die oben genannten Vitalstoffe nicht mehr in ausreichender Menge enthalten; dies gilt vor allem für Vitamin B_1. Ernährungswissenschaftliche Studien gibt es laut Dr. Bruker zuhauf, mit denen nachweisbar ist, dass volle Gesundheit nur mit vollem Korn möglich ist. Im Vergleich zwischen den Zahlen der WHO zum täglichen Mindestbedarf an Vitamin B_1, schneidet eine Bevölkerung, die sich konventionell ernährt, schlecht ab. Ständiger Mangel an Vitamin B_1, das für den normalen Ablauf des Kohlenhydratstoffwechsels sowie für andere Stoffwechselprozesse unentbehrlich ist, ist die Folge. 67 % aller Deutschen decken ihren Bedarf an Vitamin B_1 nicht.[15] Durch die heute übliche Zivilisationskost – man nennt sie auch „üppige Mangelkost" (viel drauf – wenig drin) – kommt es zu ständigen Mangelerscheinungen an Vitalstoffen im Organismus.

Hauptverursacher des *Vitalstoffraubs* sind:
- Auszugsmehlprodukte.
- Fabrikzuckerarten.
- Fabrikfette.
- übermäßiger Verzehr von tierischem Eiweiß.

Zu beachten ist, dass das Getreide vor jeder weiteren Verarbeitung *frisch gemahlen* werden sollte (am besten gelingt dies mit einer Haushalts-Getreidemühle; so können Sie immer zu Hause selbst nach Bedarf die benötigte Menge mahlen).[16] Denn viele wichtige Vitalstoffe gehen rasch nach dem Mahlen verloren, wenn sie mit Luft in Berührung kommen. Mahlen Sie daher nicht auf Vorrat, sondern immer die in den Rezepten benötigte Menge. Getreidekörner selbst sind hervorragende *„Naturkonserven"*: Sie müssen nur luftig und trocken aufbewahrt werden, dann können sie lange gelagert werden.

[15] Quelle: „Zucker – der süße Verführer" von Franz Binder und Josef Wahler, VAK-Verlag.
[16] Informationen über entsprechende Mühlen gibt es im Naturkostladen, Reformhaus oder über den Leserservice des Verlags: Walter Hädecke Verlag, Leserservice Mühlen, Postfach 1203, 71256 Weil der Stadt/Deutschland, Fax +49(0)7033/1380813, Mail info@haedecke-verlag.de.

Bei der Brotherstellung entstehen mehr oder weniger starke Verluste an Vitalstoffen. Zur Erhaltung der vollen Gesundheit ist daher der Verzehr einer gewissen Menge unerhitzten, frisch gemahlenen Vollgetreides Voraussetzung; am einfachsten in Form von leckeren Frischkorngerichten (Rezepte ab Seite 29).

Bei Auszugsmehlen (Weißmehl vom Weizen, Graumehl von Roggen) sind im Vergleich zu frisch gemahlenen Vollkornmehlen folgende Wirkstoffverluste festzustellen:

- Provitamin A: 100 % Verlust.
- Vitamin E: 100 % Verlust.
- Vitamin B_1: 86 % Verlust.
- Vitamin B_2: 69 % Verlust.
- Eisen: 84 % Verlust.
- Kupfer: 75 % Verlust.
- Magnesium: 52 % Verlust.
- Kalzium: 50 % Verlust.[17]

Vollkornbrot

Nicht jedes Brot, das als Vollkornbrot gekennzeichnet wird, entspricht auch den Anforderungen einer gesunden, vollwertigen Ernährung. Manches „dunkle" Brot wurde mit künstlichen Backhilfsmitteln auf „Vollkorn" getrimmt. Um ein echtes, gesundes Vollkornbrot handelt es sich dann, wenn

- es aus Getreide hergestellt ist, das zu 95–98 % keimfähig ist.
- das Getreidekorn vollständig in das Mahlprodukt eingeht, frisch gemahlen wird und sofort danach verarbeitet wird;
- das Getreide aus biologischem Anbau ist und
- als Backtriebmittel nur Natursauerteig (kein Kunstsauer!), Hefe oder Backferment[18] verwendet wird.

Erkundigen Sie sich beim Bäcker Ihres Vertrauens nach diesen Kriterien. Wenn Sie keine eindeutige Antwort bekommen, müssen Sie davon ausgehen, dass sich in dieser Backstube keine Getreidemühle befindet, sondern dort nur noch industriell gefertigte Brotbackmischungen verwendet werden, denen chemische Zusätze beigemischt sind, damit sie z. B. haltbar bleiben. Doch es gibt erfreulicherweise eine wachsende Zahl Vollkornbäcker, die das Brot wieder nach alter Tradition backen. Es lohnt sich, diese aufzuspüren.
Oder Sie backen Ihr Brot selbst, denn dann wissen Sie ganz genau, was drinsteckt, und werden mit dem herrlichen Duft frisch gebackenen Brots belohnt. Probieren Sie es aus und kosten Sie ein Stück Ihres eigenen Brots – Sie werden vom Geschmack überzeugt sein! Eine besondere Technik ist es, das Brot mit echtem Natursauerteig (Rezept Seite 61) zu backen. Dazu bedarf es einiger Kniffe, aber Sie erhalten einzigartigen Genuss.[19]

---

[17] Quelle: „Jetzt werde ich Vegetarier" von Helma Danner, Econ.
[18] Backferment besteht aus Weizen und Honig, ist also für reine Veganer nicht geeignet.
[19] Informationen zu Brotbackkursen mit Natursauerteig sind online oder bei den VHS zu finden. Dabei aber immer auf die Vollwertigkeit des Angebots achten.

Zucker und die Folgen

Frühstück bedeutet für viele Kinder und Erwachsene nur Weißbrot mit Marmelade, Nougatcreme, stark gezuckerte Frühstücksflocken und ein süßes Kakaogetränk. Studien haben gezeigt, dass dieser Zuckerkonsum zu Lernschwierigkeiten und Verhaltensstörungen führt. Doch süß ist nicht gleich süß und zwischen *natürlichem Zucker* und *raffiniertem Zucker* bestehen einige Unterschiede:

Raffinierter Zucker, das Endprodukt eines langen und komplizierten industriellen Prozesses, ist einer der chemisch reinsten Stoffe, der gewonnen werden kann. Dem ursprünglichen Naturprodukt werden dabei alle Vital- und Schutzstoffe, die in der Zuckerrübe oder dem Zuckerrohr in einem natürlichen Verbund vorkommen, restlos entfernt. Übrig bleibt ein isolierter Zucker, ein vollkommen denaturiertes Konzentrat. Dieses traurigste Produkt unserer modernen Nahrungsmittelindustrie ist das genaue Gegenteil der Natur und Mangelnahrung Nr. 1. Dieser weiße Zucker enthält keinerlei Vitalstoffe mehr und ist für den Organismus von keinem Nutzen, im Gegenteil: Er fügt ihm sogar Schaden zu.

Problematisch können unserer Erfahrung nach auch unraffinierte Zuckerarten wie Rohrohrzucker oder andere Süßungsmittel (z. B. Melasse, Agaven- oder andere -dicksäfte) sein, daher süßen wir in unseren Rezepten wie ab Seite 17 beschrieben.

Natürlicher Zucker hingegen kommt in nahezu allen Pflanzen vor, dort aber im Verbund mit den zur Verdauung nötigen Vitalstoffen. Isst man einen Apfel, so liefert diese Frucht neben ihrer natürlichen Süße auch die Stoffe, die der Körper benötigt, um den im Apfel enthaltenen Zucker problemlos aufzunehmen, zu verarbeiten und den Apfel als Ganzes verdauen und verwerten zu können.[20]

Im selben Tempo, in dem der Zuckerverbrauch der Industrienationen in die Höhe schnellte, nahmen auch die ernährungsbedingten Zivilisationskrankheiten zu, die heute 80 % aller Erkrankungen ausmachen. Krankheiten, von denen unsere Vorfahren, für die Zucker ein königliches Gewürz war, weitgehend verschont blieben. Um 1800 lag in Deutschland der Jahresverbrauch pro Kopf bei ca. zwei Kilo, heute liegt der Durchschnitt bei erschreckenden 45 Kilo pro Jahr.[21] Diese Zahl ist nicht nur wegen des Konsums an Süßigkeiten so hoch, denn *75 % des konsumierten Zuckers stammt aus industriell gefertigten Nahrungsmitteln.* Vom Fertiggericht zum Hustenbonbon, vom Tomatenketchup über saure Gurken bis zum Frühstücksmüsli – der Zuckeranteil ist oft bedenklich hoch. Auch hier gilt: die Zutatenliste lesen! Die Sucht nach Süßem ist von allen die ausgeprägteste. Eine ganze Industrie lebt davon und die Programmierung auf „süß" beginnt bereits im Babyalter. Die Folgen sind entsprechend: Die Zähne von 60 % aller Kleinkinder sind von *Karies* befallen, 90 % der Drei- bis Sechsjährigen haben Zahnfäule, Eltern klagen über Appetitlosigkeit und Lernschwäche ihrer Kinder. Zucker wird von Bakterien im Mundraum in Säure verwandelt, die schon in kurzer Zeit hässliche und schmerzhafte Löcher in die Zähne gräbt, weil die Säure die Mineralstruktur der Zähne auflöst. Karies ist eine typische Zivilisationskrankheit und ca. 99 % der Bevölkerung in den Industrienationen sind von ihr befallen. Fabrikzucker ist der Hauptverursacher von Karies. Dr. Bruker stellte fest, dass Zucker die *Darmflora verändert* und die Verträglichkeit und Bekömmlichkeit anderer Lebensmittel, z. B. Vollkorn und Rohkost, verhindern kann. Doch gerade die Verträglichkeit von Lebensmitteln, die dem Körper Vitamine und Mineralstoffe zuführen, die der Zucker ihm entzieht, wird durch eben diesen Zucker gestört. So ist der Industriezucker nicht nur an der Entstehung der Zivilisationskrankheiten beteiligt, er verhindert auch ihre Heilung.

[20/21] Quelle: „Zucker – der süße Verführer" von Franz Binder und Josef Wahler, VAK-Verlag.

Wenn der Körper Fabrikzucker verstoffwechseln muss, so benötigt er dazu lebenswichtige Vitamine, Mineralstoffe und Enzyme. Vor allem Vitamin B_1 ist für die Stoffwechselprozesse unentbehrlich. Ohne die Vitamine des B-Komplexes ist der Abbau von Zucker nicht möglich. *Erhöhter Zuckergenuss hat also auch einen erhöhten Vitamin-B-Bedarf zur Folge.* Der Hauptlieferant von Vitamin B_1 ist der Getreidekeim. Der Bedarf an diesem Vitamin kann daher nur gedeckt werden, wenn der Getreidekeim Teil der Nahrung ist. Mangel an Vitamin B_1 macht sich u. a. durch Müdigkeit, Leistungsschwäche und depressive Stimmung bemerkbar. *Schadstoff Zucker:* Das Oberlandesgericht Hamburg kam am 29. Oktober 1987 zu dem Schluss, dass in Zucker ein nicht zu vernachlässigendes gesundheitliches Gefährdungspotenzial steckt. Danach darf Fabrikzucker mit Recht als „Schadstoff" bezeichnet werden.

Die ernährungsbedingten Zivilisationskrankheiten sind vor allem auf den Mangel an Vitalstoffen und die daraus entstehenden Stoffwechselstörungen zurückzuführen. Vollwertkost deckt den Vitaminbedarf und sorgt mit seinen natürlichen, im Verbund der Pflanze vorkommenden Vitalstoffen dafür, dass der Stoffwechsel unseres Körpers optimal unterstützt werden kann.

Die „Süße" in der gesunden Küche

In der üblichen Vollwerternährung wird hauptsächlich mit Honig gesüßt. In einer rein veganen Ernährung können Sie den Honig durch *süßes Obst* (z. B. Bananen) oder *eingeweichte Trockenfrüchte* ersetzen, da sämtliche Fabrikzuckerarten (nicht nur der Weißzucker) dieselben gesundheitlichen Nachteile haben. Eine weitere Alternative kann auch Stevia sein (siehe Seite 18).

Eine gute Zuckeralternative sind pürierte Datteln (wie auch andere Trockenfrüchte): Eine bestimmte Menge entsteinter Datteln mit der gleichen Menge Flüssigkeit (Wasser oder ungesüßtem, frischen Saft) ca. 30 Minuten einweichen. Die Datteln mit der Einweichflüssigkeit pürieren. Falls sich die Trockenfrüchte nicht ganz pürieren lassen, einfach noch etwas Flüssigkeit zugießen und noch einmal durchmixen. Für Rezepte, in denen Sie üblicherweise Honig verwendet haben, müssen Sie etwa 2/3 mehr Datteln rechnen. Rezepte mit Zucker können durch etwa die gleiche Menge Datteln ersetzt werden. Sie können auch mit anderen Trockenfrüchten experimentieren wie z. B. mit Aprikosen, Pflaumen, Äpfeln und Rosinen. Achten Sie bitte darauf, dass alle Trockenfrüchte ungeschwefelt und ohne Zuckerzusatz sind! Die süßen Rezepte in diesem Buch sind meist mit zwei Süßungsvarianten versehen. Mit einem Fleisch- bzw. Gemüsewolf können die Trockenfrüchte auch uneingeweicht zerkleinert werden. Dann müssen Sie die Flüssigkeitsangaben in einigen Rezepten anpassen.

Falls Sie noch nicht überzeugt sind, Honig wegzulassen, sind hier einige Argumente, die Sie möglicherweise zum Umdenken bewegen:

▶ Wie bei der Kuhmilch diese für die Kälbchen, so ist der Honig für die Bienen bestimmt.
▶ Bei der Honigmassenproduktion werden immer wieder Eier, Larven und ausgewachsene Tiere vernichtet.[22]
▶ Oft werden die Flügel der Königin beschnitten oder ausgerissen, damit sie die Kolonie nicht verlassen kann.
▶ Sehr häufig wird Bienen der gesamte Honig weggenommen, sie bekommen als Ersatz eine billige Zuckerlösung.[23]

Selbstverständlich bleibt es Ihnen überlassen, welches Süßungsmittel Sie verwenden möchten. Obwohl Bio-Honig strengeren Richtlinien unterworfen ist, gehen die Autorinnen den für sie konsequenten veganen Weg, der neben Honig auch alle anderen tierischen Produkte wie Pelz, Leder, Wolle, Daunen und Seide ausschließt.

Ein weiteres veganes Süßungsmittel bieten die Blätter der südamerikanischen *Steviapflanze*.[24] Es beeinflusst in keiner Weise den Blutzuckerspiegel, hat jedoch eine deutliche Süßkraft und wird in Südamerika sogar zur Zahnpflege eingesetzt, da Stevia anscheinend das Wachstum der Bakterien im Mundraum hemmt, die für die Kariesentstehung verantwortlich sind. Obwohl Stevia bei Erscheinen dieses Buches in der EU noch nicht in Gänze als Süßungsmittel zugelassen wurde, sind Steviaprodukte inzwischen im Internet fast überall erhältlich. Die Gewinnung des Steviosids (als Pulver oder Tropfen) entspricht nicht den Vorgaben einer vollwertigen Ernährung, daher haben die Autorinnen bisher auf den Einsatz dieses Süßungsmittels verzichtet. Es gibt jedoch auch getrocknete Steviablätter als Tee, die ebenfalls süßen und mit denen Sie durchaus in Ihrer süßen Vollwertküche experimentieren können. Allerdings mit Vorsicht, denn Stevia süßt sehr stark und bereits kleinste Mengen reichen aus, damit die Speisen süß schmecken. Eine Überdosierung kann daher schnell passieren und dann ist der Geschmack des Gerichts hinüber.

Öle und Fette

Margarine und andere Fabrikfette, dazu gehören alle raffinierten Öle ohne die Kennzeichnung „nativ" oder „kalt gepresst" sowie gehärtete Pflanzenfette und auch Reformmargarinen sind tote Fette. Früher wurden die Öle aus Ölfrüchten nur durch Pressung gewonnen. Diese enthielten noch die fettlöslichen Vitamine und ungesättigten Fettsäuren. Bei der Herstellung von Fabrikfetten wird das Öl aus den Rohstoffen, die nicht immer pflanzlichen Ursprungs sein müssen, mithilfe von Lösungsmitteln (Leichtbenzin/Hexan) extrahiert. Es folgt ein langer Weg, der das Öl absolut denaturiert, bis es den Verbrauchern im Supermarkt als Speiseöl oder dann als Margarine angeboten wird: Bei der *Raffination* wird das Öl entlezithiniert, entschleimt, entsäuert, entfärbt und desodoriert. Je nach gewünschtem Endprodukt folgt dann die *Modifikation*: Hier wird das Öl gehärtet, fraktioniert und umgeestert. Ziel ist es z. B., streichfähige Margarine zu erhalten. Dieser Schritt bewirkt aber, dass aus den wichtigen ungesättigten Fettsäuren neue chemische Verbindungen wie gesättigte Fettsäuren entstehen. Unerwünschtes Nebenprodukt sind Transfettsäuren. Wissenschaftliche Untersuchungen aus

[22] Ausführliche Informationen unter „vegan leben" auf www.vebu.de.
[23] Siehe auch den Artikel „Auf Daunen, Seide und Honig verzichten" auf www.peta.de.
[24] Buchtipp: „Mit Stevia natürlich süßen" von Brigitte Speck, erschienen im Hädecke Verlag. Weitere Informationen gibt es im Internet auf www.prostevia.ch und www.freestevia.de.

den Niederlanden zeigen, dass Transfettsäuren die Gesamtcholesterinkonzentration im Blut ansteigen lassen. Auch andere gesundheitliche Probleme wurden durch den Verzehr dieser künstlich erzeugten Transfettsäuren beobachtet. Bei der Neuzusammensetzung der Fette und Öle, der *Rekombination*, setzen Fooddesigner dann wieder das künstlich zu, was vorher entzogen wurde: synthetisches Karotin, Emulgatoren, künstliche Aromastoffe, künstliche Antioxidanzien, Konservierungsstoffe und synthetische Vitamine.[25]

Die Frage der richtigen Fette und Öle für den Körper ist bei einer gesunden Ernährung zu berücksichtigen. Es kommt nicht nur darauf an, dass die Ölsaaten aus ökologisch kontrolliertem Anbau stammen, auch die Frage der Zusammensetzung ihrer Fettsäuren ist wichtig. Langkettige Omega-3-Fettsäuren gehören zu den sogenannten essenziellen Fettsäuren, die wichtig für unseren Körper sind. Sie werden als mehrfach ungesättigt bezeichnet und bieten u. a. Schutz vor Arteriosklerose und koronaren Herzkrankheiten. Darüber hinaus hemmen ihre Bestandteile entzündliche Prozesse im Körper und sie verbessern die Rezeptorenarbeit unserer Nervenzellen im Gehirn. In einem gesunden Organismus herrscht ein ausgewogenes Verhältnis von Omega-3- und Omega-6-Fettsäuren. Da in der heutigen Kost jedoch der Omega-6-Anteil deutlich überwiegt, ist es wichtig, den Körper mit Omega-3-Fettsäuren zu versorgen, damit er ein angestrebtes Gleichgewicht von 1 : 1 wieder erreichen kann.[26]

Natürlich kommt es auch auf die Herstellung der nativen, *kalt gepressten Öle* an, denn nicht alles, was heute als „nativ" oder „extra vergine" bezeichnet wird, hat auch tatsächlich noch Rohkostqualität. Beim Herstellungsprozess ist es wichtig, dass die Öltemperatur immer unter 40 °C bleibt. Mit aufwendigen Kühlsystemen ist das möglich. Erkundigen Sie sich bei den Herstellern also genau nach deren Produktion zur Gewinnung der hochwertigen Öle. Fehlen exakte Angaben, so muss angenommen werden, dass die Öle nicht so schonend hergestellt wurden.[27] Leider lässt das EU-Recht zu, dass Öle auch dann noch als kalt gepresst bezeichnet werden dürfen, wenn von außen beim Gewinnen des Öls keine zusätzliche Wärme zugeführt wird. Dabei scheint es völlig unerheblich zu sein, dass die Ölmühlen das Öl mit hohem Druck extrahieren, bei denen leicht Temperaturen von über 60 °C und darüber hinaus entstehen können. Zudem dürfen die Ölsaaten zur besseren Ausbeute vor dem Pressen in einem Kochprozess aufgeschlossen werden, wobei ebenfalls Temperaturen von über 100 °C zustande kommen können. Daher auch beim Ölkauf: Augen auf!

[25] Ausführliche Informationen bietet das Buch „Cholesterin, der lebensnotwendige Stoff" von Dr. M. O. Bruker und Ilse Gutjahr, emu-Verlag.

[26] Quelle: „Gesund statt chronisch krank!" von Dr. med. Joachim Mutter, Fit fürs Leben Verlag in der NaturaViva Verlags GmbH.

[27] Buchtipps: „Ölwechsel für Ihren Körper" von Rainer Schmid, Verlag Ernährung & Gesundheit, und „Öle – natürlich kaltgepresst" von Marcus Hartmann, ebenfalls bei Hädecke erschienen.

Salz – weißes Gold oder weißes Gift?

Unverarbeitetes Meersalz und das aus dem Berg geschlagene Steinsalz beinhalten alle natürlichen Mineralstoffe und Spurenelemente, die auch in unserem Körper vorkommen. Unser Blut entspricht einer Sole, die in ihrer Zusammensetzung mit dem Urmeer identisch ist. Im Zuge der Industrialisierung wurde allerdings auch das natürliche Salz „chemisch gereinigt", essenzielle Mineralien und Spurenelemente wurden entfernt. Von den ursprünglich 92 Elementen blieben ganze zwei übrig: Natrium und Chlorid, das unnatürlich isolierte Natriumchlorid (NaCl), unser heutiges Kochsalz.

Ähnlich wie beim weißen raffinierten Zucker wurde aus dem weißen Gold weißes Gift, das dem Körper schadet. Kochsalz ist ein äußerst bedenkliches Zellgift und muss vom Körper unter großem Aufwand ausgeschieden oder unschädlich gemacht werden. Natürliches Salz hingegen ist lebensnotwendig, um vitale Funktionen aufrechtzuerhalten.[28]

Aufgrund der zunehmenden Verschmutzung der Weltmeere ist natürliches Meersalz nur noch bedingt zu empfehlen und es lohnt sich, nur noch solches zu wählen, das aus gering belasteten Regionen stammt. Eine Alternative sind Natursalze, die aus Salzseen gewonnen werden (z. B. Kalahari oder Murray River). Sinnvoll ist es, auf Steinsalz (im Naturkosthandel auch als Ursalz angeboten), Kräutersalz mit Steinsalz und/oder Kristallsalz (z. B. Himalaja) zurückzugreifen.

Eine weitere Möglichkeit, Salz zu ersetzen, bieten *Sojasaucen*, die jedoch selbst Salz enthalten. Tamari ist die kräftige, Shoyu die etwas mildere Variante der japanischen Sojasaucen; bei chinesische Sojasaucen wird zwischen hell und dunkel unterscheiden. Auch hier gibt es unterschiedliche Qualitäten, denn billige Sojasaucen werden mit Konservierungs- und anderen künstlichen Zusätzen versehen. Nur bei kontrolliert biologischen Sojasaucen ist gewährleistet, dass sie tatsächlich mit dem traditionellen Herstellungsverfahren – Fermentation von Sojabohnen mit Meersalz, Wasser und teilweise geröstetem Getreide – produziert wird. In manchen Sojasaucen ist zudem Zucker; beim Einkauf die zuckerfreien Produkte wählen.

Auch Gemüsebrühpulver ist ein Ersatz für Salz. Bei den Produkten ist darauf zu achten, dass sie laktose- und glutamatfrei hergestellt wurde.

Hefeflocken, Hefewürze und Hefewürzpasten sind ebenfalls zur Salzreduktion empfehlenswert. Darüber hinaus besitzen sie noch wertvolle Vitamine und Mineralstoffe.

Bitte verzichten Sie Ihrer Gesundheit zuliebe auf Rieselhilfen im Salz wie auch auf jodiertes und/oder fluoridiertes Speisesalz. Es handelt sich hier um künstliches *Jod*, das in größeren Mengen schädlich wirkt und dem Körper nur als Spurenelement in kleinsten Mengen zuträglich ist. Natürliches Jod ist ausreichend in unserer Frischkost enthalten. *Fluor* ist ein Breitband-Enzymgift und das künstlich dem Salz zugesetzte Natriumfluorid ein Abfallprodukt der Aluminium- und Stahlindustrie.[29] Es härtet nicht nur die Zähne und wird daher auch zur scheinbaren Vorsorge gegen Karies u. a. in Zahnpasten eingesetzt, sondern wirkt sich auch schädlich auf unsere Organe, unser Gehör und unsere Augen aus. Das vom Körper ebenfalls nur als Spurenelement in geringen Mengen benötigte Fluor (in Form von Kaliumfluorid) ist ebenfalls ausreichend in unserer Frischkost und in Mandeln enthalten.

[28] Siehe auch „Essen wir uns gesund" von Barbara Rütting, Nymphenburger Verlag, und „Wasser und Salz" von Barbara Hendel und Peter Ferreira, INA Verlag.
[29] Buchtipp: „Vorsicht Fluor" von Dr. M. O. Bruker und Rudolf Ziegelbecker, emu-Verlag

Das richtige Getränk

Es gibt viele Meinungen zur optimalen Flüssigkeitszufuhr. Nach Erfahrung der Autorinnen sind die Worte Dr. Brukers zu beherzigen, der sagt: *„Durst bestimmt die Trinkmenge!"*[30] – ebenso wie Hunger auch die Nahrungsmenge bestimmen sollte. Er weist darauf hin, dass ein gesunder Instinkt dem Körper durch Durst signalisiert, wie viel getrunken werden sollte. Darüber hinaus bietet eine gesunde Ernährung einen 70–80 %igen Flüssigkeitsanteil, sodass alleine darüber zwischen einem bis eineinhalb Liter aufgenommen werden. Eine übermäßige Flüssigkeitszufuhr kann darüber hinaus die die Nieren, das Herz, den Kreislauf und die Leber belasten. In den Nieren führt dies „zu einer Verdünnung der sog. Schutzkolloide, welche die Bildung von Nierensteinen verhüten".

Aber nur *„echte" Getränke*[31] sind imstande, Durst zu löschen. Dazu zählen reines Wasser und ungesüßte Tees. Reines Wasser ist entweder lebendiges Quellwasser oder unbelastetes, mineralarmes Wasser, das z. B. über eine am Leitungswasser angeschlossene Wasseraufbereitungsanlage gewonnen wurde.[32]

Bei Tees muss zwischen sog. Arzneitees und harmlosen Kräuter- oder Früchtetees (auch Rooibostee) unterschieden werden. Wegen des Wirkstoffgehalts sollten arzneiliche Tees (z. B. Husten- und Bronchialtee oder Blasentee) nicht über lange Zeit getrunken, sondern nur zur Behandlung einer Krankheit eingesetzt werden.

Obstsäfte und Milch sind keine echten Getränke, sondern flüssige Nahrungsmittel. Sie sind zum Stillen des Dursts ungeeignet. Darüber hinaus befinden sich im ganzen Apfel z. B. noch alle Nährstoffe und alle zur Verarbeitung nötigen biologischen Wirkstoffe, im Saft findet sich nur ein Teil der löslichen Vitamine. Zudem können Säfte, vor allem gekaufte Fertigsäfte, die Verträglichkeit von Vollkornprodukten und Rohkost stören.

Alkoholische Getränke wie Bier und Wein, aber auch Kaffee und Schwarztee, zählen zu den Genussmitteln. Sie werden dann für unseren Körper schädlich, wenn ihr Genuss in eine Abhängigkeit führt. Zum Löschen von Durst sind sie daher aus diesem Grund ungeeignet. Gegen einen ungesüßten Saft (möglichst verdünnt mit Wasser als Schorle) als Getränk ist nichts einzuwenden und er ist in jedem Fall besser als Limonade. Diese in der Werbung als Durstlöscher angepriesenen Softdrinks sind keineswegs zu empfehlen.

Einige Grundregeln zur Vollwertkost

Die Lebensmittel sollten weitestgehend aus *biologischem Anbau* stammen, damit unser Körper nicht unnötig viele Pestizide verarbeiten muss.

Verschiedene *Getreidesorten* kommen zum Einsatz wie Weizen, Dinkel, Hafer, Roggen, Gerste, Hartweizen, Naturreis, auch alte Sorten wie Kamut, Emmer und Einkorn, dazu noch Hirse (Ur- oder auch Braunhirse sind sehr vitalstoffhaltig) und auch der Buchweizen, der allerdings kein Getreide, sondern die Frucht eines Knöterichgewächses ist. Weizen und Dinkel lassen sich problemlos gegeneinander austauschen. Die in den Rezepten angegebenen Getreidesorten können ebenfalls durch andere Sorten gut ersetzt werden (z. B. durch Kamut oder Einkorn). Grünkern ist in der Milchreife geernteter Dinkel. Er ist nicht keimfähig und eignet sich am besten für gekochte Gerichte.

---

[30] Quelle: „Naturheilkunde" von Dr. M.O. Bruker und Ilse Gutjahr, emu-Verlag.
[31] Quelle: „Kleinschriftensammelmappe: Wieviel und was soll man täglich trinken?" von Dr. M.O. Bruker, emu-Verlag.
[32] Buchtipp: „Trinkwasser & Säure-Basen-Balance" von Hilmar Burggrabe und Markus Strauß, NaturaViva Verlag.

Obst und Gemüse möglichst und falls essbar mit der Schale verzehren, da in bzw. unter der Schale die meisten Vitalstoffe sitzen. Gemüse und Obst nie lange im Wasser liegen lassen, da sonst die wasserlöslichen Vitamine ausgeschwemmt werden. Die Früchte oder das Gemüse nur kurz waschen oder bürsten (Gemüsebürste verwenden).

Verschiedene naturbelassene, sog. *kalt gepresste Öle* wie Sonnenblumen-, Oliven-, Sesam-, Leinöl, usw. verwenden.[33] Auf der Flasche muss „kalt gepresst" oder „nativ" stehen (siehe auch Hinweise auf Seite 19). Sehr hochwertig ist auch *natives Kokosöl*.[34] Kalt gepresste Öle nicht erhitzen und nur für Salate verwenden oder zum Schluss über die gegarten Speisen träufeln. Natives Leinöl ist aufgrund seiner Inhaltsstoffe besonders wertvoll (hoher Gehalt an Omega-3-Fettsäuren). Da es jedoch schnell ranzig werden kann, immer gekühlt und dunkel aufbewahren und nach dem Öffnen zügig verbrauchen.[35] Natives Sesamöl hat nichts mit dem dunklen Sesamöl der asiatischen Küche zu tun, das aus gerösteten Sesamsamen hergestellt wird. Zum Braten und Erhitzen eignen sich Kokos- und Erdnussöle. Natives Kokosöl schmeckt sehr lecker auf frischem Vollkornbrot als Butterersatz (streichfähig, wird erst ab 25 °C flüssig).

Ein einfaches und gesundes Salatdressing wird auf Basis von kalt gepressten Ölen und Zitronensaft hergestellt. Auch verschiedene wohlschmeckende *Naturessige* wie z. B. natürlicher Apfelessig, Kräuter-, Wein- oder Balsamicoessig eignen sich. Alternativen zu Essig sind Verjus (aus dem Saft unreifer Trauben gepresst) und Ume Su (japanische feinsäuerliche Würzsauce auf Basis von milchsauer vergorenen japanischen Ume-Aprikosen).

Salz kann als *Gewürz* reduziert werden, wenn es mit frischen und getrockneten Kräutern, Wildkräutern, Zwiebeln, Knoblauch, Senf, Sojasauce und anderen Gewürzen wie Paprika, Pfeffer, Gemüsebrühpulver oder verschiedenen Gewürzmischungen (Curry und andere) ergänzt wird. Achten Sie auch hier auf die Zutatenliste und vermeiden Sie Gewürzmischungen mit Glutamat (auch als Monosodiumglutamat, MSG und Mononatriumglutamat oder E 621 genannt).

Verschiedene *Nussmuse* finden sowohl in pikanten als auch süßen Gerichten ihre Verwendung: Mandel- (auch in Rohkostqualität erhältlich), Haselnuss-, Erdnuss- und Cashewmus sowie Tahin (Sesammus).

Besonders in den kalten Wintermonaten tut es unserem Körper gut, wenn er viele Sprossen und Keimlinge mit der Nahrung bekommt. Diese Kraftpakete können Sie einfach auf ihrer Fensterbank selbst züchten und sie stecken voller Vitalstoffe und Vitamine. Die unterschiedlichen keimfähigen Sorten bieten auch geschmacklich eine große Abwechslung.[36]

[33] Buchtipp: „Öle – natürlich kaltgepresst" von Marcus Hartmann, ebenfalls bei Hädecke erschienen.
[34] Bezugshinweise zu kalt gepressten Ölen in Rohkostqualität und nativem Kokosöl beim Leserservice des Verlags.
[35] Ranzig gewordenes Öl keinesfalls mehr verzehren. Es ist dann zum Schutz von Holz noch gut verwertbar.
[36] Buchtipp: „Keime & Sprossen" von Valérie Cupillard, ebenfalls bei Hädecke erschienen.

Sojaprodukte

In den Rezepten verzichten die Autorinnen bewusst auf industriell verarbeitete vegane Produkte wie Soja-, Reis- und Hafermilch oder Tofu und Seitan. Für die vegane Ernährung sind sie nicht nötig. Es erscheint vor dem Hintergrund einer natürlichen Ernährung zumindest fragwürdig, warum an Naturprodukten im Labor so lange herumgebastelt wird, bis aus ihnen tote Fertigprodukte wie „Tofuwürstchen" oder „Tofuschnetzel" werden. Dies alles hat mit einer Vollwerternährung nichts mehr zu tun.[37] Ein beliebtes und nicht ganz von der Hand zu weisendes Argument ist, dass solche Fleischersatzprodukte manchen Menschen den Übergang zu einer vegetarischen Ernährung erleichtern. Dennoch: Wenn Sie einmal die köstlichen und frisch zubereiteten Getreide- oder Gemüsefrikadellen gekostet haben, sind Sie überzeugt, dass dieses Ersatzfleisch nicht auf dem Speiseplan stehen muss.

Auch Dr. Bruker betrachtet die Fertigsojaprodukte kritisch, müssen doch zu ihrer Herstellung die Sojaeiweiße ebenfalls denaturiert werden.[38] Neben der Tatsache, dass die ernährungsbedingten Krankheiten nicht nur auf einem Konsum von Weißmehl und Industriezuckerarten beruhen, sondern zu einem Großteil auch durch ein Überangebot von Eiweiß in der Ernährung herrühren, ist durch den bloßen Ersatz von tierischem Eiweiß durch Eiweißkonzentrate auf pflanzlicher Basis noch kein gesundheitlicher Fortschritt erreicht.

Anders verhält es sich selbstverständlich bei der Sojabohne, wenn diese frisch als Gemüse verzehrt wird.

Kein industriell hergestelltes Produkt ist natürlich, auch wenn es aus Grundstoffen hergestellt wurde, die aus biologischem Anbau stammen. Wenn Sie sich gesund ernähren möchten, halten Sie sich am besten die zwei Aussagen der Fachleute vor Augen: „Lasst die Nahrung so natürlich wie möglich!" (Werner Kollath) und „Essen und Trinken Sie nichts, wofür Werbung gemacht wird!" (Dr. Max Otto Bruker).

Verträglichkeitsproblem der Vollwertkost

Diesem Problem begegnen die Autorinnen in ihren Kursen immer wieder: Teilnehmer berichten, dass sie die Vollwertkost nicht vertragen.

Hierzu schrieb Dr. Bruker bereits 1999: „Beim Übergang von Grau- und Weißbrot auf Vollkornbrote und -produkte und bei der Verabreichung eines Zusatzes von Frischkost traten bei manchen Patienten Beschwerden auf in Form von Bauchschmerzen, Unpässlichkeit, Völlegefühl, Blähungen, Aufstoßen. Bei gründlicher Beobachtung zeigte sich, dass es nicht die Vollkornprodukte und die Frischkost waren, die diese Beschwerden hervorriefen, sondern die Zusammensetzung der übrigen Nahrung."[39] Besonders weist er dabei auf die weiße Zuckerraffinade hin, die eine Verstoffwechslung einer gesunden Vollwerternährung nahezu unmöglich macht.

Wenn einfach nur Vollkornprodukte in den Speiseplan aufgenommen werden, die Zufuhr an gesüßten Speisen aber nicht reduziert wird, kommt es immer wieder zu Problemen. Dabei ist

---

[37] Mehr Informationen darüber sind in der Zeitschrift „Der Gesundheitsberater", März 2005, GGB, nachzulesen.
[38] Buchtipp: „Ärztlicher Rat aus ganzheitlicher Sicht" von Dr. M. O. Bruker, emu-Verlag.
[39] „Der Gesundheitsberater" 1/1999, S. 2 – GGB-Infothek.

es bei empfindlichen Personen unerheblich, ob der Körper Fabrikzucker (alle Arten, vgl. Seite 10), Honig, Trockenfrüchte, Saft (gekauft oder selbst gepresst) oder gekochtes Obst erhält. Er kann dann mit Blähungen, Völlegefühl, Aufstoßen und Bauchschmerzen reagieren. Gerade in der Umstellungsphase ist beim Empfindlichen darauf zu achten, Süßes zunächst von Frischkornbrei oder Vollkornprodukten zu trennen. Möglicherweise ist auch eine Darmreinigung oder Darmsanierung zu empfehlen, damit Reste und Schlacken im Darm nicht zu unerwünschten Gärungsprozessen mit Frischkost führen. Weitere „Störenfriede" sind Bohnen- oder Getreidekaffee, Schwarz- und Grüntee. Hinzu kommt: Je stärke- bzw. kohlenhydratärmer die Frischkost ist, desto besser wird sie vertragen.

Wenn Sie sich jahrelang konventionell ernährt haben, ist es sinnvoll behutsam umzusteigen und beispielsweise eine einwöchige Fastenkur vor der Umstellung durchzuführen. Zusätzliche Bewegung unterstützt Sie, denn damit wird der Stoffwechsel angekurbelt und der Körper kann die für ihn noch ungewohnte Kost besser verarbeiten.

Die Ausrüstung Ihrer Vollwertküche

Sie benötigen kaum zusätzliche Geräte, eine *Getreidemühle* ist allerdings unverzichtbar. Sie können sich im Naturkostfachhandel oder Reformhaus beraten lassen. Achten Sie darauf, dass das Gerät auch hartes Mahlgut wie Kichererbsen verarbeiten kann. Leistungsfähige Getreidemühlen mit Steinmahlwerk können dies problemlos. Beim Leserservice[40] des Verlags ist eine Liste von Versendern abrufbar, die entsprechende Haushaltsmühlen und die unten erwähnten Küchenhelfer anbieten.

Zusätzlich sind folgende *Geräte* hilfreich:
- ▶ handbetriebene Flockenquetsche.
- ▶ Küchenmaschine und/oder elektrischen Mixer (gibt es auch in kleineren Größen für kleine Mengen) zum Raspeln und Pürieren.
- ▶ Pürierstab.
- ▶ Handreibe/Raffel (fein und grob) oder elektrische Reibe für Rohkost.
- ▶ Gemüsehobel für Rohkost.
- ▶ Fleisch- bzw. Gemüsewolf zum kraftvollen Zerkleinern von Trockenfrüchten.
- ▶ kleine Handmühle, z. B. für Nüsse.
- ▶ vitalstoffschonender Entsafter[41] (keine Saftzentrifuge).
- ▶ Keimgerät oder -schale zum Ziehen von frischen Keimen und Sprossen.

[40] Leserservice im Walter Hädecke Verlag, Postfach 1203, 71256 Weil der Stadt/Deutschland, Fax +49(0)7033/1380813, Mail info@haedecke-verlag.de.
[41] Anbieter von entsprechenden Geräten, die es manchmal im Naturkosthandel, jedoch selten im normalen Küchengerätebedarf gibt, können über den Leserservice des Verlags abgerufen werden.

Hinweise zu den Rezepten

Wasser wird in ml oder g angegeben. Besonders bei Gebäck ist die exakte Wassermenge fürs Gelingen entscheidend. Die Flüssigkeitsmengen abmessen oder mit einer Haushaltswaage abwiegen.

Teig und Mehl: Nudeln sind immer Vollkornnudeln ohne Ei. Mehl bedeutet immer frisch gemahlenes Vollkornmehl und das Backpulver ist phosphatfrei und enthält natürlichen Weinstein.

Gewürze: Bei Pfeffer meinen wir frisch gemahlenen Pfeffer aus der Mühle und Knoblauch ist immer frischer Knoblauch, der durch die Presse gedrückt oder fein gehackt wird. Die Hinweise zu Salz sind dem Text auf Seite 20 zu entnehmen. Als Gewürze für süße Speisen sind z. B. Vanille, Zimt, Nelken usw. geeignet. Vanille kann entweder direkt aus der Vanillestange frisch herausgekratzt werden (Stangen nicht wegwerfen, sie können noch gekochte Speisen aromatisieren) oder Sie verwenden hochwertiges Bio-Vanillepulver, das im Naturkostladen oder Reformhaus erhältlich ist.

Obst: Zitrusfrüchte nur aus biologischem Anbau verwenden; wird die Schale verwendet, muss diese unbehandelt sein. Trockenfrüchte sollten ungeschwefelt sein.

Gelier- und Bindemittel: Agar-Agar ist ein pflanzliches Geliermittel aus Meeresalgen. Es wird in erkaltetem Zustand fest und ist ein idealer Ersatz für Gelatine. Die Verwendung entnehmen Sie bitte der Packungsaufschrift, weil diese je nach Hersteller variieren kann. Ein anderes pflanzliches Geliermittel ist Apfelpektin (Naturkostladen und Reformhaus). Als Bindemittel für Saucen und Suppen eignet sich frisch gemahlenes Reismehl (aus Naturreis): 1–2 EL in etwas kaltem Wasser auflösen und in die kochende Flüssigkeit einrühren. Weitere Bindemittel sind gemahlener Weizen, Dinkel, Hart- oder Buchweizen, die ebenso verwendet werden können. Zum Binden von kalten Flüssigkeiten, aber auch um Teige beim Backen zu binden (siehe Seite 27: „Ersatz für Eier"), ist Johannisbrotkernmehl sehr gut. Es wird aus dem gemahlenen Samen des Johannisbrotbaumes gewonnen. Die Pflanze gehört zur Familie der Hülsenfrüchte und wächst hauptsächlich in den Mittelmeerländern. Aus ihrem Fruchtfleisch wird außerdem Carob gewonnen. Dieses Pulver ist ein guter Ersatz für Kakao: es ist von Natur aus süß und besitzt nicht die anregenden Stoffe des Kakaos.

Backtipps: Normales Backpapier wird chemisch behandelt. Das derzeit einzige umweltfreundliche Backpapier „ECHO Natur" wird ohne Silikonbeschichtung hergestellt.[42] Eine gute Alternative ist echtes Pergaminpapier, das ebenfalls unbehandelt und hitzebeständig ist. Beide müssen jedoch vor dem Backen gefettet werden, damit das Backgut nicht haften bleibt und sind nur bis 220 °C verwendbar. Auch zum Frischhalten von Speisen sind die Papiere gut geeignet. Alternativ kann das Backblech auch mit Streumehl (frisch gemahlenes Weizenvollkornmehl) bestreut werden: 1 EL Weizen ergibt frisch gemahlen 2 EL Streumehl.

---

[42] Auch unter der Bezeichnung „Pergamyn" im Handel. Erhältlich im Naturkostladen oder beim Leserservice des Verlags.

Kleines Austauschprogramm für Ihre Küche

Viele Rezepte werden Sie im Laufe der Zeit liebgewonnen haben und Sie können sie ganz einfach durch unser kleines Austauschprogramm entsprechend vollwertig und vegan anpassen.

100 g *Zucker* können durch 100–110 g pürierte Trockenfrüchte ersetzt werden. 150 g Honig entsprechen etwa 250 g pürierten Datteln (siehe Seite 17) oder anderen Trockenfrüchten.

Da Eier, Milch und Quark wegfallen, kommen zur **Teiglockerung** folgende Zutaten in Frage: Flüssigkeit wie Wasser (evtl. Mineralwasser mit Kohlensäure) und/oder naturtrüber, ungesüßter Apfelsaft; Hefe als Triebmittel; stark bindefähige Getreide, z. B. Dinkel, Hart- oder Buchweizen sowie Kamut (Urgetreide); zerkleinerte Ölsaaten wie Sesam oder Leinsaat.

Ein *Käseersatz* (z. B. für Pizza) sind fein gemahlene oder geflockte Sonnenblumenkerne, aber auch Hefeflocken und die veganen Käsekreationen (siehe „Brotaufstriche" Seite 78 und 82).

Ersatz für *Schmand, saure Sahne* und *Quark: Nuss-Schmand,* der aus der gleichen Menge Cashewkerne oder Mandeln und Wasser hergestellt wird. Dazu z. B. 50 g Cashewkerne oder Mandeln in 50 g Wasser 20 Minuten einweichen, anschließend pürieren und evtl. würzen. *Sonnenblumen-Schmand,* der aus der gleichen bis doppelten Menge Wasser mit Sonnenblumenkernen (je nach Konsistenz), etwas Zitronensaft und Stein- oder Kräutersalz nach Geschmack im Mixer cremig gerührt wird. Bei Bedarf noch frische Kräuter hinzugeben.

Butter kann in vielen Rezepten durch kalt gepresstes Öl ersetzt werden. Bei Kuchen- oder Plätzchenrezepten kann die Butter auch durch rührfähiges, zimmerwarmes natives Kokosöl (evtl. kurz im Warmwasserbad erwärmen, wird ab 25 °C flüssig) ersetzt werden. Für Brotaufstriche wird Butter durch Nuss-Schmand (s. o.), natives streichfähiges Kokosöl oder Naturreiscreme ersetzt: 10–20 g frisch gemahlenen Naturreis mit gut 100 ml Wasser kurz aufkochen und abkühlen lassen (ergibt 100 g Reiscreme; für 150 g Reiscreme 30 g frisch gemahlenen Naturreis und ca. 150 ml Wasser und für 250 g Reiscreme 50 g frisch gemahlenen Naturreis und gut 200 ml Wasser verwenden).

Ersatz für *Milch* und *süße Sahne/Rahm:* Für *Musmilch* 200–250 ml Wasser mit 1–2 EL weißem oder braunem Mandel- oder Cashewmus mixen. Wer es gerne süßer mag, kann noch ca. 4 entsteinte Datteln dazumixen. Danach evtl. durch ein Sieb geben. Rooibostee und Getreidekaffee bekommen dadurch ihren Extraschuss „Sahne". *Nussmilch* aus 20–30 g Cashew- oder anderen Nüssen oder Mandeln und 4 Datteln herstellen. Beides 20 Minuten in 200–250 ml Wasser einweichen, danach pürieren und evtl. noch eine Prise Vanille zugeben. Ohne Datteln wird die Nussmilch geschmacklich neutraler. Schneller geht es, wenn Sie die Nüsse zuerst fein mahlen und dann mit allen anderen Zutaten pürieren. Je mehr Nussanteil, desto voller der Geschmack. Für dünnflüssige Getränke die Nussmilch durch ein feines Sieb abgießen und den Nussrückstand entweder ins Müsli geben oder für Brotaufstriche verwenden. Veganer „Milch"-Shake: Zur Mus- oder Nussmilch Früchte mixen oder Kakao- oder Carobpulver unterrühren. Bei Bedarf noch nachsüßen. So können Sie auf gesunde Art z. B. eine leckere Bananenmilch genießen!

Ersatz für Eier

Es gibt mehrere von uns erprobte Methoden, die gut gelingen. Probieren Sie aus, welche Ihnen am besten zusagt. Selbstverständlich können Sie in den Rezepten den dort angegebenen Ei-Ersatz durch einen der untenstehenden austauschen.

Kichererbsenmehl hat einen besonderen Eigengeschmack, den nicht jeder mag. Wenn im Gebäck aber zusätzlich Nüsse oder auch Kakaopulver enthalten sind, schmeckt man es nicht mehr. Leinsamen schmeckt etwas neutraler. Am neutralsten ist Johannisbrotkernmehl, es lässt sich auch am einfachsten anwenden.

Kichererbsen: Kichererbsen fein mahlen (Stufe 1,5) oder in einem kleinen Mixer fein mixen. 1 EL gemahlene Kichererbsen mit 2 EL Wasser glatt verrührt ersetzen 1 Ei. Das frische Kichererbsenmehl kann auch direkt mit dem frisch gemahlenen Getreide vermischt werden.

Leinsamen: Leinsaat im Mixer fein mahlen und mit Wasser schaumig mixen. 1½ EL gemahlene Leinsamen ersetzen mit knapp 1/8 l Wasser 1–2 Eier.

Johannisbrotkernmehl: 1 EL Johannisbrotkernmehl ersetzt 1–2 Eier. Johannisbrotkernmehl einfach mit den trockenen Zutaten des Teigs vermischen, dann die restlichen Zutaten dazugeben.

Öl und Weinsteinbackpulver: Eine Mischung aus 1 EL kalt gepresstem Öl mit ½–1 EL Weinsteinbackpulver und 2–3 EL Wasser ersetzt 1 Ei. Die gut verrührten Zutaten unter den Teig mischen. Wird zusätzlich noch mit frisch gemahlenem Vollkornmehl gearbeitet, erhöht sich die Wassermenge. Dann ersetzen 2 EL Vollkornmehl mit 1 EL Öl, ½–1 EL Backpulver und 3–4 EL Wasser 1–2 Eier.

Ersatz für Eier, z. B. in Semmelknödeln oder Bratlingen: 1 Ei wird durch 4 EL Hartweizen ersetzt oder der Masse wird gemahlener Dinkel, Hart- oder Buchweizen zugegeben.

Genießen fängt beim Frühstück an

FRISCHKORNGERICHT

3 EL	beliebiges Getreide (eine oder mehrere Sorten) pro Person
	Obst, nach Geschmack und Appetit, zerkleinert
	etwas Zitronensaft

bei Bedarf:

	Mandeln oder Nüsse, z. B. Haselnüsse, Cashew-, Para- oder Macadamianüsse, ganz oder zerkleinert
	Ölsaaten, z. B. Sonnenblumenkerne, Leinsamen, Sesam, auch in gekeimter Form
½ TL	kalt gepresstes Öl, z. B. Leinöl

§ Getreide mit einer Getreidemühle, einem Mixer oder einer Kaffeemühle grob schroten oder mit dem Flocker zu Flocken quetschen.
§ Das gemahlene Getreide mit ungekochtem, kaltem Wasser (am besten Quell- oder gefiltertes Leitungswasser) zu einem Brei rühren und fünf bis zwölf Stunden bei Zimmertemperatur quellen gelassen.
§ Obst, Zitronensaft und ggf. Nüsse und Ölsaaten dazugeben, Öl unterrühren.

§ TIPP §

Eine zerdrückte Banane, unter das Frischkorngericht gehoben, trägt zu einem milderen Geschmack bei. Ein geriebener Apfel (mit Schale) macht den Frischkornbrei luftig und lecker. Einige Bananenscheiben oder dünne Apfelspalten sind ebenso wie Nüsse oder Ölsaaten eine schöne Dekoration.
Mit der Fruchtsauce von Seite 109 ist der Frischkornbrei ein Genuss.
Dr. Joseph Evers[43] empfiehlt, das Getreide keimen zu lassen (wegen der unterschiedlichen Keimzeiten nur eine Sorte verwenden). Die Getreidekeime dann wie oben beschrieben mit den anderen Zutaten vermischen und gründlich kauen.

§ HINWEIS §

Dieses Gericht kann auch zu anderen Tageszeiten genossen werden.
Schnelles Frischkorngericht: Eilige können auf die Einweichzeit verzichten und pürieren einfach das Obst mit dem Zitronensaft und vermischen es mit dem geflockten oder geschroteten Getreide.

[43] Der Arzt Dr. Joseph Evers entwickelte in den 1940er-Jahren die sog. Evers-Kost, die auf dem Verzehr von naturbelassener Rohkost basiert.

MANGOMÜSLI

für 2 Personen

3 EL	Dinkel *Spelt*
3 EL	Hafer *Oats*
2	Bananen, geschält
1	Mango, geschält und entkernt
	etwas Vanille

Abbildung Seite 28.

§ Dinkel und Hafer mittelgrob schroten oder flocken und in etwas Wasser einweichen.

§ Bananen mit der Hälfte der Mango und mit Vanille pürieren. Den Getreidebrei zugeben.

§ Die andere Hälfte der Mango in Scheiben oder Stückchen schneiden und das Müsli damit dekorieren.

SCHOKOMÜSLI

für 1 Person

3 EL	Hafer
2	Bananen, geschält
1 TL	Mandelmus
1 EL	Kakaopulver

§ Hafer frisch flocken. Bananen mit einer Gabel zerdrücken, mit dem Mandelmus und den Haferflocken verrühren. Den Kakao darübersieben und unterrühren.

OBSTSALAT

1	Banane, geschält
1	Zitrone, Saft
1–2 cm	frischer Ingwer, geschält
	Obst nach Jahreszeit

Abbildung Seite 28.

§ TIPP §

„Schlagsahne" (Seite 172) oder „Nuss-Schlagsahne" (Seite 169) ist dazu ein Gedicht.
Mit eingeweichten Getreideflocken vermischen und als Frischkorngericht genießen.

§ Banane mit einer Gabel zerdrücken und den Zitronensaft zugießen. Ingwer klein würfeln und durch die Knoblauchpresse drücken oder auf einer Glasreibe fein reiben. Das Ingwermus unter die Banane rühren.

§ Beliebige Früchte – nach Geschmack und Saison – falls nötig schälen und entkernen, klein schneiden, unter das Bananenmus heben und frisch servieren.

ANANAS-LINSEN-SALAT

125 g	braune Linsen
250 ml	Gemüsebrühe
½	frische Ananas
1	rote Paprikaschote/Peperoni
1	kleine rote oder weiße Zwiebel
2 EL	Sonnenblumenöl
1 EL	natürlicher Apfelessig
2 EL	frischer Ananassaft oder
	naturtrüber Apfelsaft
½ TL	Kräutersalz
	schwarzer Pfeffer
½ TL	scharfes Currypulver
	Petersilie, gehackt

§ Linsen waschen, in Gemüsebrühe aufkochen und zugedeckt etwa 30–35 Minuten bissfest garen, in einem Sieb abtropfen und abkühlen lassen.

§ Ananas schälen, den harten Strunk entfernen und das Fruchtfleisch in mundgerechte Stücke schneiden. Paprika putzen, Kerne entfernen, die Gemüsefrucht waschen und fein würfeln. Zwiebel schälen und in dünne Ringe schneiden.

§ Ananas und Gemüse unter die abgekühlten Linsen mischen.

§ Aus Öl, Essig, Saft und Gewürzen ein Dressing herstellen. Über den Salat geben und etwa 20 Minuten durchziehen lassen. Zum Servieren mit Petersilie bestreuen.

§ TIPP §
Wenn Kinder mitessen, statt des scharfen Currypulvers auf ein mildes ausweichen.

§ HINWEIS §
Für zwei Personen ist die Menge als Hauptgericht ausreichend.

AVOCADOPÜREE MIT TOMATEN UND CHAMPIGNONS

2	reife Avocados
	Zitronensaft
	Kräutersalz
	weißer Pfeffer
2	Tomaten
6	Champignons

§ Avocados auseinanderschneiden und Kern entfernen. Das Fruchtfleisch mit dem Löffel herausholen und mit der Gabel zerdrücken. Mit Zitronensaft, Kräutersalz und Pfeffer abschmecken.
§ Von den Tomaten den Strunk entfernen und das Fruchtfleisch klein hacken. Champignons putzen, evtl. Stiel kürzen oder entfernen. Champignons fein würfeln und zusammen mit den Tomaten unter das Püree heben.

§ TIPPS §

Auch andere Gemüse wie Paprika/Peperoni, Zwiebeln usw. sind eine gute Ergänzung des Pürees. Eine kleine, frisch gehackte rote Chilischote gibt dem Ganzen eine besondere aromatische Schärfe. Auf frischem Vollkornbrot ist das Avocadopüree ein feiner Aufstrich.

BLUMENKOHLSALAT SÜSS-SAUER

1	Blumenkohlkopf
2	Äpfel
1	Banane, geschält
1	Zitrone, Saft
2 EL	Haselnussmus
1 TL	Currypulver, Schärfe nach Geschmack
½ TL	Kräutersalz
4 EL	Sonnenblumenöl
ca. 100 ml	Wasser

§ Blumenkohl waschen, harten Strunk entfernen und die Röschen fein schneiden. Von den Äpfeln das Kernhaus entfernen. Äpfel in feine Stifte schneiden.
§ Banane, Zitronensaft, Haselnussmus, Curry, Kräutersalz, Sonnenblumenöl und Wasser mit einem Stabmixer oder in einem Mixer cremig rühren.
§ Blumenkohl und Äpfel mit der Sauce vermischen. Abschmecken und bei Bedarf nachwürzen.

BUNTER SALAT MIT TOMATENSAUCE

1	Kopfsalat, alternativ: Endivien- oder Eisbergsalat
1	Avocado
	einige Handvoll Champignons
1	rote oder gelbe Paprikaschote/Peperoni
½–1	Zwiebel
	frischer Mais, nach Belieben

Tomatensauce

2	Tomaten
2 EL	Obst- oder Kräuteressig
2 EL	Oliven- oder Sonnenblumenöl
3 Msp	Kräutersalz
	schwarzer Pfeffer
	frische Kräuter- oder Wildkräuter

§ Salatblätter in mundgerechte Stücke zerkleinern, Endivienblätter in feine Streifen schneiden. Avocado halbieren, Kerne und Schale entfernen und in feine Spalten schneiden. Champignons putzen, evtl. Stiel kürzen oder entfernen, und die Pilze in feine Scheiben schneiden. Paprika putzen, Kerne entfernen, die Gemüsefrucht waschen und fein würfeln. Zwiebel schälen und fein würfeln.

§ Strunk und Kerne von den Tomaten entfernen. Das Tomatenfleisch im Mixer pürieren und mit den restlichen Saucenzutaten verrühren.

§ Die Tomatensauce über den Salat geben und vorsichtig unterheben.

§ Mit frisch gehackten Kräutern wie Schnittlauch, Petersilie oder auch Wildkräutern bestreuen.

§ TIPP §

Statt Mais schmecken auch andere Gemüsesorten wie Möhren, Kohlrabi, Brokkoli usw., die geraspelt oder fein gehobelt wurden, sehr gut dazu.

§ HINWEIS §

Für zwei Personen ist die Menge als Hauptgericht ausreichend.

FRISCHKOSTPLATTE MIT SPROSSEN

Blattsalate nach Geschmack und Saison, z. B. Ackersalat, Kopf-, Endivien-, Eisberg- oder Eichblattsalat, Rauke/Rucola, Chicoree, Brunnenkresse, Portulak usw.

Gemüse nach Geschmack und Saison, z. B. Möhren, Kohlrabi, Brokkoli, Zucchini, Rote Bete, Sellerie, alle Kohlsorten, Pilze, Salatgurken, frischer Mais, Radieschen, Rettich, grüner Spargel usw.

frische Sprossen und Keimlinge oder aus keimfähigen Saaten (2–3 Tage vorher ziehen)

Dressings, siehe Seite 47 ff.

§ HINWEISE §

Bei Salat und Gemüse bitte nicht nur an grünen Salat, Paprika und Tomaten denken! Man kann, bis auf rohe Kartoffeln und grüne Bohnen, alles in seinem ursprünglichem Zustand –also ohne Kochen – genießen. Dann bleiben die Vitalstoffe in den Lebensmitteln erhalten und schenken uns all ihre wichtigen Inhaltsstoffe, die wir für unsere Gesundheit benötigen.

Sprossen haben gegenüber unseren Kulturgemüsesorten deutlich mehr wichtige Vitalstoffe. Sie bieten die richtige Power zur Steigerung unseres Immunsystems.

§ Verschiedene Salat- und Gemüsesorten waschen. Vor allem Blattsalate nur ganz kurz waschen, damit die wasserlöslichen Vitamine nicht verlorengehen. Ackersalat einzeln verlesen und gut putzen, weil bei ihm häufig noch Sand und Erde an den Würzelchen hängt. Wo möglich, das Gemüse mit Schale verwenden, da in bzw. unter der Schale die meisten Vitalstoffe sitzen. Gemüse lässt sich am besten mit einer Gemüsebürste unter fließendem kalten Wasser abbürsten; evtl. unschöne Stellen herausschneiden.

§ Blattsalate in mundgerechte Stücke zerteilen, Chicoreeblätter ganz lassen, Endivienblätter ggf. fein schneiden.

§ Von frischen Radieschen, Kohlrabi und Roten Beten können die Blätter auch mitgegessen werden. Gemüse klein schneiden, fein hobeln oder raspeln und dekorativ auf einer großen Platte anrichten.

§ Verschiedene Sprossen zwei oder mehrere Tage vorher – je nach Sorte und Hinweisen auf der Packungsaufschrift – zum Keimen bringen und mit auf die Frischkostplatte geben.[44]

§ Separat ein oder mehrere der auf den Seiten 47 ff. beschriebenen köstlichen Dressings dazu reichen.

§ TIPP §

Besonders hübsch sehen die rotvioletten Sprossen von Roten Beten und Rotkohl aus.

[44] Buchtipp: „Keime & Sprossen" von Valérie Cupillard, ebenfalls bei Hädecke erschienen.

GRIECHISCHER BAUERNSALAT

4	Tomaten
1	grüne Paprikaschote/Peperoni
1	gelbe Paprikaschote/Peperoni
1	rote oder weiße Zwiebel
1	Salatgurke
	schwarze oder grüne Oliven
4 EL	Olivenöl
2 EL	Obstessig
½ TL	Kräutersalz
	schwarzer Pfeffer, frisch gemahlen
1 TL	Oregano, gerebelt

§ Tomaten und Paprika waschen, von den Tomaten den Strunk und von den Paprikaschoten Kerne und Stiel entfernen. Tomaten in Scheiben, Paprika in Streifen schneiden.

§ Zwiebel schälen, halbieren und in Ringe schneiden. Gurke waschen, halbieren und in Scheiben schneiden. Oliven vom Kern befreien, falls sie nicht schon kernlos sind.

§ Aus Öl, Essig, Salz und Pfeffer eine Sauce bereiten und den Salat damit abschmecken. Zum Schluss Oregano zwischen den Händen zerreiben und über den Salat geben.

§ TIPP §

Frische Oreganoblättchen sind weniger intensiv im Geschmack, sehen aber hübsch aus und für einen Salat können Sie einige frische Blättchen von den Stielen zupfen. Auch frisches Basilikum oder Zitronenthymian passen geschmacklich gut zu diesem sommerlichen Salat.

ITALIENISCHER SALAT

1	kleiner Radicchio
1	Endiviensalat
4	Tomaten
½	Gurke
½ Bd	Radieschen
5 EL	Olivenöl
3 EL	Balsamico
	Steinsalz, schwarzer Pfeffer
1	Knoblauchzehe, geschält
1	rote oder weiße Zwiebel, geschält
	viele frische Kräuter, fein gehackt

§ Salat und Gemüse waschen und putzen. Salat in mundgerechte Blättchen zupfen, Gemüse klein schneiden.

§ Zuerst in feinem Strahl gutes Olivenöl zugeben, dann vorsichtig Essig darüberträufeln, salzen und pfeffern. Knoblauch feinblättrig, Zwiebel in Ringe schneiden. Beides auf dem Salat verteilen, zuletzt reichlich Kräuter darübergeben. Den Salat erst bei Tisch mischen.

§ TIPP §

Für Salate nur reife und aromatische Tomaten verwenden. Sie entfalten dann mit den anderen Zutaten ihren Geschmack.

SCHWÄBISCHER KARTOFFELSALAT

1 ½ kg	Kartoffeln, festkochend
	Kümmel
	Steinsalz
	Pfeffer
5 EL	Zwiebelwürfel
5 EL	natürlicher Apfelessig
5 EL	Sonnenblumen- oder Rapsöl
1/8 l	Gemüsebrühe

§ Kartoffeln je nach Größe mit etwas Kümmel ca. 30 Minuten in Wasser gar kochen. Wasser abgießen, Kartoffeln etwas abkühlen lassen.

§ Kartoffeln noch warm pellen und in Scheiben oder grobe Stücke schneiden.

§ Alle Zutaten bis auf die Gemüsebrühe untermischen.

§ Gemüsebrühe heiß darübergießen und den Salat gut durchziehen lassen. Vor dem Servieren nochmals abschmecken und evtl. nachwürzen.

KICHERERBSENSALAT

150 g	Kichererbsen
1	kleiner Eisbergsalat
je 1	Möhre und kleine Rote Bete
150 g	Weintrauben
2	Tomaten
1	Zwiebel
1 EL	natürlicher Apfelessig
3–4 EL	Olivenöl
2 TL	zuckerfreier Senf
	Salz, weißer Pfeffer
	Zimtpulver

Abbildung Seite 38/39.

§ TIPP §

Mit Rosenblättern garnieren: Diese speziellen Rosen stammen aus kontrolliert biologischem Anbau. Wenn Sie Aromarosen oder Heckenrosen im eigenen Garten haben, die ungespritzt sind, können Sie selbstverständlich auch diese verwenden.

§ Kichererbsen über Nacht in kaltem Wasser einweichen (das Wasser sollte zwei Fingerbreit über den Kichererbsen stehen). Am nächsten Tag das Einweichwasser abgießen und in frischem Wasser ca. 30–45 Minuten gar kochen. Übriges Wasser abgießen und Kichererbsen abkühlen lassen.

§ Eisbergsalat waschen und in mundgerechte Teile zupfen. Möhre und Rote Bete waschen, mit der Gemüsebürste abbürsten, anschließend fein raffeln. Weintrauben waschen und halbieren, evtl. entkernen. Tomaten waschen und den Strunk entfernen. Tomaten halbieren und die Hälften in dünne Scheiben schneiden. Zwiebel schälen und fein würfeln. Alle Zutaten mit den Kichererbsen mischen.

§ Aus Essig, Öl, Senf und Gewürzen ein Dressing rühren, über den Salat gießen und ½ Stunde durchziehen lassen. Vor dem Servieren nochmals abschmecken.

KOHLRABISALAT

50 g	Cashewkerne
50 ml	Wasser
1 TL	Apfelessig
1 EL	Sonnenblumenöl
2 EL	Petersilie, klein gehackt
	weißer Pfeffer
	Kräutersalz nach Geschmack
1	großer Kohlrabi

§ Aus Cashews, die etwa 20 Minuten in Wasser eingeweicht und dann püriert werden, einen Nuss-Schmand (vgl. Hinweis auf Seite 26) herstellen.

§ Mit Essig, Öl, Kräutern und Gewürzen eine Sauce rühren und den Nuss-Schmand unterziehen.

§ Kohlrabi schälen, grob in die Sauce raspeln und unterheben. Bei Bedarf nachwürzen.

REISSALAT

200 g	Kidneybohnen
150 g	Langkorn-Naturreis
2	grüne oder rote Paprikaschoten/Peperoni
300 g	Maiskörner, frisch oder TK
1	Zwiebel, geschält und gehackt
6 EL	natürlicher Apfelessig
3 EL	Sonnenblumenöl
2 TL	Sojasauce
2 TL	zuckerfreier Senf
2 TL	Meerrettich
	Steinsalz

Abbildung Seite 38/39.

§ HINWEIS §

Manche Senfsorten, nicht nur der bekannte süße Senf, sind mit Zucker hergestellt. Um diese versteckte Weißzuckerquelle auszuschließen, lohnt sich auch hier ein Blick auf die Zutatenliste.

§ Kidneybohnen am Vorabend in Wasser einweichen (sie sollten zwei Fingerbreit davon bedeckt sein). Wasser wechseln und in reichlich Wasser ca. eine Stunde kochen, das überschüssige Wasser abgießen.

§ Naturreis in der zweieinhalbfachen Menge Wasser mit etwas Salz zum Kochen bringen. Ca. 30–40 Minuten bei aufgelegtem Deckel leicht köcheln, danach noch ca. 20 Minuten quellen lassen. Der Reis ist gar, wenn die Flüssigkeit eingezogen ist, die Reiskörner sollten dann leicht von der Gabel fallen und nicht kleben.

§ Bohnen und Reis abkühlen lassen.

§ Die Paprika waschen, putzen und in Würfel schneiden.

§ Reis, Bohnen, Paprika, Mais (ggf. aufgetaut) und Zwiebel in einer Schüssel vermischen.

§ Aus Essig, Öl, Sojasauce, Senf und Meerrettich ein Dressing rühren, mit Salz abschmecken und über die restlichen Zutaten gießen. Gut vermischen, etwas durchziehen lassen und bei Bedarf nochmals nachwürzen.

ROTE-BETE-ROHKOST

2	große Äpfel
2	große Möhren
1	Rote Bete
½	Kohlrabi
1	Banane
1	Zitrone, Saft
5 EL	Olivenöl

§ Äpfel kurz waschen und das Kernhaus entfernen. Gemüse mit der Gemüsebürste und fließendem Wasser säubern. Beides fein raffeln.
§ Banane schälen und mit einer Gabel zerdrücken. Mit dem Zitronensaft verrühren, Olivenöl zugeben und mit der Rohkost vermischen.

§ TIPP §

Probieren Sie diese salz- und gewürzfreie Rohkost einfach einmal aus. Sie werden den Geschmack der Wurzelgemüse richtig entdecken können und merken, dass darin viele Mineralien stecken.

SALAT MIT ROTER BETE UND APFEL

1	kleine Rote Bete
2	Äpfel
3	Möhren
2	Topinambur
2–3 EL	Olivenöl
1	kleine Zitrone, Saft
	etwas Stein- oder Kräutersalz (nach Geschmack)
	verschiedene Gartenkräuter, fein gehackt
½ TL	zuckerfreier Senf
1 TL	veganes Bärlauchpesto

§ Gemüse mit der Gemüsebürste gut unter fließendem Wasser abbürsten, nicht schälen. Von den Äpfeln das Kernhaus entfernen und ebenso wie das Wurzelgemüse grob raspeln.
§ Die Zutaten für das Dressing miteinander verrühren und über das Gemüse geben.

§ HINWEIS §

Klassisches Pesto wird immer mit Käse zubereitet. Es gibt aber einige vegane Varianten im Reformhaus und Naturkostladen – die Zutatenliste gibt darüber Auskunft.

ROTKOHLSALAT

350 g	Rotkohl/Rotkabis
1	Apfel
½	Orange
2 EL	Zitronensaft
1 EL	Sonnenblumen- oder Olivenöl
	Stein- oder Kräutersalz
	(nach Geschmack)
1 Msp·	Kardamom, gemahlen
1 Msp	Koriander, gemahlen
1 Msp	Gewürznelken, gemahlen
1 Msp	Ingwerpulver
	schwarzer Pfeffer
	ungesalzene Erdnüsse oder Sonnenblumenkerne zum Dekorieren

§ Vom Rotkohl die äußeren Blätter und den Strunk, von Apfel das Kernhaus entfernen. Die Orange schälen.

§ Rotkohl grob raspeln und Apfel stifteln. Orange klein schneiden und dazugeben.

§ Die Zutaten für das Dressing verrühren und über den Salat geben. Gut durchmischen und 30 Minuten ziehen lassen.

§ Vor dem Servieren nochmals abschmecken und Erdnüsse oder Sonnenblumenkerne darüberstreuen.

§ TIPPS §

Statt Zitronensaft können Sie auch frisch gepressten Orangensaft oder naturtrüben, ungesüßten Apfelsaft für das Dressing verwenden. Die eher aus der Backstube bekannten Gewürze unterstützen den Geschmack der Orange mit dem Rotkohl. Wenn Sie sich zunächst nicht so viele verschiedene Gewürze zulegen möchten, finden Sie im Reformhaus und Naturkostladen inzwischen einige interessante Gewürzmischungen aus biologisch kontrolliertem Anbau, die Ihre Kreativität in der Küche genussvoll unterstützen.

SAUERKRAUTSALAT GRÜN-WEISS-ROT

für 1 Portion

100 g	Sauerkraut
50 g	grüne Weintrauben
½	Apfel
1	Möhre
1	kleine Zwiebel, geschält
1 EL	Sonnenblumenöl
3 EL	Wasser
3 EL	Nuss- oder Musmilch (Seite 27)
	Salz
	weißer Pfeffer
	Schnittlauch zur Dekoration

Abbildung Seite 43.

§ Sauerkraut etwas klein schneiden. Weintrauben halbieren und entkernen. Apfel waschen und Kernhaus entfernen, Möhre mit der Gemüsebürste unter fließendem Wasser putzen.

§ Apfel und Möhre grob raffeln, Zwiebel klein würfeln.

§ Öl, Wasser, Nussmilch und Gewürze zum Salat geben, alles vermischen und abschmecken.

§ Mit Schnittlauchröllchen garnieren.

TOMATENSALAT AUF ITALIENISCHE ART

4	Fleischtomaten
½	Salatgurke
1	rote oder weiße Zwiebel, geschält
1 Handvoll	kleine schwarze Oliven, entsteint
	Olivenöl
	Balsamico
½ EL	Oregano, gerebelt
	Steinsalz nach Geschmack

§ Die Tomaten halbieren und den Strunk entfernen. Die Tomatenhälften in nicht zu dünne Scheiben schneiden.

§ Gurke waschen und in Würfel schneiden, die Zwiebel fein hacken, Oliven halbieren und alles zu den Tomaten geben.

§ Öl, Essig und zwischen den Händen geriebenen Oregano zum Salat geben. Abschmecken und ggf. salzen.

§ TIPP §

Dieser Salat schmeckt auch mit kleinblättrigem Basilikum ausgezeichnet.
Kleine schwarze Oliven sind teilweise recht intensiv im Geschmack und sorgen für ausreichend Salz in den Speisen.

WEISSKOHLSALAT

ca. 400 g	Weißkohl/Kabis
1	Zwiebel
10	schwarze oder grüne Oliven, entsteint
4 EL	Olivenöl
2 EL	Essig
	Stein- oder Kristallsalz
	weißer Pfeffer
20 g	Sesam

§ Weißkohl putzen, vierteln und den Strunk entfernen. Den Kohl in feine Streifen schneiden. Zwiebel schälen, fein würfeln und Oliven hacken.

§ Aus Öl, Essig, Salz und Pfeffer ein Dressing herstellen und mit den Salatzutaten vermengen. Für mindestens eine Stunde durchziehen lassen.

§ Sesam in einer Pfanne ohne Fett hellbraun rösten. Den Salat kurz vor dem Servieren damit bestreuen.

ZUCCHINI-CARPACCIO

1–2	Zucchini
	rote und gelbe Cocktailtomaten in beliebiger Anzahl
	Ingwer-Knoblauch-Dressing (Seite 48)
	schwarze Oliven, entsteint
	frisches Basilikum, gehackt

§ Von den Zucchini Blüten- und Stielansatz entfernen, kurz waschen. Zucchini längs in dünne Scheiben hobeln und in einer flachen Schale oder einem großem Teller auslegen.

§ Von den Tomaten den Strunk entfernen und die Tomaten halbieren. Um die Zucchinischeiben herum die Tomatenhälften legen.

§ Dressing wie auf Seite 48 beschrieben zubereiten und löffelweise über das „Carpaccio" geben.

§ Mit halbierten Oliven und gehacktem Basilikum dekorieren.

Salatdressings und Dips

BASILIKUM-DRESSING

2 EL	Olivenöl
1 EL	Hanföl
1–2 EL	Balsamico
1 TL	zuckerfreier Senf
1–2 TL	Cashew- oder Mandelmus
1 Bd	frisches Basilikum
1 EL	frische Rosmarinnadeln
	Kräutersalz
	schwarzer Pfeffer
1 Prise	scharfes Paprikapulver

Abbildung Seite 50/51.

§ Die Basilikumblätter von den Stielen zupfen und zusammen mit den anderen Zutaten cremig mixen. Das dickflüssige Dressing bei Bedarf mit etwas Wasser verdünnen.

§ TIPP §

Hanföl schmeckt etwas nussig und bietet gesundheitlich einige Vorteile: Wie das Leinöl oder auch Walnussöl hat es ausreichend Omega-3-Fettsäuren. Darüber hinaus liefert es wertvolle Gamma-Linolensäure, die für unser Immunsystem wichtig ist und z. B. therapeutisch bei Entzündungsprozesse eingesetzt wird.

ESSIG-ÖL-DRESSING

4 EL	Sonnenblumenöl
2 EL	natürlicher Apfelessig
2 EL	Wasser
	Kräutersalz
1 EL	zuckerfreier Senf
1 EL	Kräuter, fein gehackt
	(nach Geschmack und Angebot)

§ Alle Zutaten mit dem Schneebesen glatt rühren.

INGWER-KNOBLAUCH-DRESSING

1–2	Knoblauchzehen
1 cm	frischer Ingwer
2 TL	zuckerfreier Senf
	Salz
	weißer Pfeffer
2–3	Datteln, entsteint
3 EL	weißer Balsamico
8 EL	Olivenöl
1	Orange, Saft

§ Knoblauch und Ingwer schälen, durch eine Presse drücken bzw. fein reiben. Zusammen mit den anderen Zutaten zu einer sämigen Sauce mixen.

§ TIPP §
Auch ohne Knoblauch schmeckt dieses Dressing sehr gut.

Abbildung Seite 46 und 50/51.

KARTOFFEL-DRESSING

2	mittelgroße Pellkartoffeln, mehlig kochend
500 ml	Wasser
8 EL	beliebiges Öl (auch mehrere Sorten)
3 EL	natürlicher Apfelessig oder weißer Balsamico
2 TL	zuckerfreier Senf
	Kräutersalz
	weißer Pfeffer
	frische Kräuter, grob gehackt (nach Geschmack und Angebot)

§ Schale der Kartoffeln entfernen und die Kartoffeln in groben Stücken in einen Mixer geben. Die anderen Zutaten, bis auf die Kräuter, hinzufügen und pürieren. Zum Schluss die Kräuter dazugeben und nochmals kurz aufmixen. Kräftig abschmecken.

Abbildung Seite 50/51.

KRÄUTERDRESSING ITALIENISCHE ART

1–2	Knoblauchzehen, geschält und fein gehackt
1 TL	Oregano oder Majoran, gerebelt
1 TL	zuckerfreier Senf
½ TL	Salz
¼ TL	Pfeffer
4 EL	Olivenöl
2 EL	Balsamico oder Zitronensaft

§ Alle Zutaten in einen Mixer geben und kurz durchmixen oder mit einem Schneebesen kräftig verrühren.

§ TIPP §

Das Dressing ca. eine Stunde zugedeckt bei Zimmertemperatur ziehen lassen, dann 30 Minuten kühlen. So können sich die Aromen am besten verbinden. Vor dem Servieren nochmals gut vermischen.

§ HINWEIS §

Majoran stammt wie Dost aus derselben Krautgattung wie Oregano. Das Gewürz wirkt verdauungsfördernd und appetitanregend. Auch frisch ist es für dieses Dressing gut zu verwenden. Ebenso wie beim Oregano hat das getrocknete Gewürz ein stärkeres Aroma.

„SAHNE"-DRESSING

50 g	Sonnenblumenkerne
300 ml	Wasser
½	Zitrone, Saft
2 EL	Öl nach Wahl, z. B. Sonnenblumen-, Oliven- oder Sesamöl (auch kombiniert)
1 EL	natürlicher Apfelessig oder Balsamico
	Kräutersalz
	weißer Pfeffer

§ Alle Zutaten im Mixer gut pürieren, evtl. nachwürzen.

§ TIPPS §

1–2 TL Mandelmus, Cashewmus oder Avocado machen dieses Dressing noch sahniger.

Variieren Sie die Sauce mit zuckfreiem Senf, Tomatenmark, verschiedenen Kräutern (z. B. Petersilie, Schnittlauch, Kerbel, Estragon, Majoran, Oregano, Rosmarin), Knoblauch und anderen Gewürzen wie Currypulver, Paprikapulver, Schabzigerklee usw.

Dickflüssiger wird das Dressing, wenn die Menge der Sonnenblumenkerne erhöht oder die Wassermenge verringert wird.

TAHIN-DRESSING

25 ml	Sonnenblumenöl
50 g	Tahin
1	Knoblauchzehe, geschält und zerdrückt (optional)
30–50 ml	Zitronensaft
	Steinsalz
	Pfeffer
1 Msp	Kreuzkümmel- (Cumin) oder Gelbwurzpulver (Kurkuma)

Abbildung Seite 50/51.

§ Alle Zutaten glatt verrühren.

§ HINWEIS §

Tahin stammt ursprünglich aus der arabischen Küche. Das Sesammus ist Bestandteil der bekannten Kichererbsencreme Hummus. Es wird aus geschälter Sesamsaat (weißes Tahin), aus ungeschältem Sesam (dunklere Farbe und etwas bitterer im Geschmack) oder aus einer Mischung der beiden hergestellt. Sesam ist eine gute Kalziumquelle.

TOMATENSAUCE

2	große Tomaten
2 TL	Öl
1–2 TL	Kräutersalz
½ TL	Oregano, gerebelt
¼ TL	Paprikapulver

§ Tomaten halbieren, Strunk und Kerne entfernen. Tomaten mit den restlichen Zutaten im Mixer oder mit dem Pürierstab cremig rühren.

§ TIPPS §

Das Dressing statt der Tomaten mit einer Viertel Salatgurke und einer halben Paprika zubereiten. Etwas frischer Borretsch passt gut dazu.

TOMATEN-DRESSING

2	Tomaten	
1	kleine Zwiebel	
1 TL	Sesam-, Cashew- oder	
	Mandelmus	
1 TL	zuckerfreier Senf	
2 EL	Olivenöl	
1 EL	Leinöl	
1 EL	natürlicher Apfelessig	
	Kräutersalz	
	schwarzer Pfeffer	

§ Tomaten halbieren, Strunk und Kerne entfernen. Zwiebel schälen und grob hacken.
§ Tomaten und Zwiebel mit den restlichen Zutaten im Mixer oder mit dem Pürierstab cremig rühren, bei Bedarf etwas Wasser hinzufügen.

§ TIPPS §

Einen halben Apfel dazumixen und das Dressing bekommt eine süß-säuerliche Note.
Das Dressing statt der Tomaten mit ¼ Salatgurke und ½ Paprikaschote/Peperoni zubereiten. Etwas frischer Borretsch passt gut dazu.

AVOCADODIP

2	kleine reife Avocados	
1 EL	Öl	
3 EL	Zitronensaft	
½	Salatgurke	
½	Zucchini	
1–2	Knoblauchzehen,	
	geschält und zerdrückt	
	Kräutersalz	
	weißer Pfeffer	

§ Avocados halbieren, Kerne entfernen und das Fruchtfleisch mit einem Löffel aus der Schale lösen. Avocado mit einer Gabel fein zerdrücken und mit Öl und Zitronensaft vermischen.
§ Gurke und Zucchini mit Schale fein reiben und zur Avocadocreme geben.
§ Mit Knoblauch, Salz und Pfeffer abschmecken.

Abbildung Seite 54.

§ HINWEIS §

Avocados sind echte Tausendsassas! Aufgrund ihres hohen Fettgehalts (um 30 %) werden sie auch „Butterfrucht" genannt. Doch diese Fette sind extrem gesund, denn es handelt sich um mehrfach ungesättigte Fettsäuren, die das Cholesterin in Balance halten. Sie sind zudem reich an Aminosäuren, Vitaminen, Mineralien, Spurenelementen und Eiweiß. Avocados enthalten pro 100 g mehr Kalium als Bananen.

KRÄUTERCREME

75 g	Cashewkerne
200 ml	Wasser
½ Bd	Petersilie
½ Bd	Dill
½ Bd	Schnittlauch
2	Knoblauchzehen, geschält
1	große Zwiebel, geschält
2 TL	Johannisbrotkernmehl
2 EL	Essig
	Steinsalz
	weißer Pfeffer.

§ Cashewkerne und Wasser in einem Mixer 20 Minuten ziehen lassen, dann zu einer glatten Creme pürieren.

§ Kräuter waschen, Schnittlauch in feine Röllchen schneiden, restliche Kräuter fein hacken (harte Stiele entfernen).

§ Kräuter und fein gehackte Knoblauchzehen mit Johannisbrotkernmehl zur Creme geben und nochmals kurz durchmixen.

§ Creme in eine Schüssel füllen. Zwiebel fein würfeln und mit Essig, Salz und frisch gemahlenem Pfeffer abschmecken.

Abbildung nebenstehend.

§ HINWEIS §

Cashews sind die Kerne des so genannten Cashewapfels. Sie entwickeln beim Rösten einen aromatisch nussigen Geschmack. An interessanten Inhaltsstoffen besitzen sie Vitamin C und Mineralien, vor allem Magnesium. Ihre ungesättigten Fettsäuren wirken sich positiv auf den Blutfettspiegel aus. Wie andere Nüsse sind sie eine wahre Hirn- und Nervennahrung.

SONNENBLUMENDIP

150 g	Sonnenblumenkerne
ca. 200 ml	Wasser
3 EL	Zitronensaft
3 EL	Sonnenblumen-, Sesam- oder Maiskeimöl
1–2	Knoblauchzehen, geschält (optional)
	frische Kräuter nach Geschmack und Angebot, grob gehackt
	Stein- oder Kräutersalz.

§ Alle Zutaten im Mixer oder in der Küchenmaschine pürieren. Mit Salz abschmecken.

§ TIPPS §

Sie können den Dip mit Gemüse wie Tomaten, Paprika, Möhren, Gurken, Zucchini usw. variieren.

Auch Gewürze statt der frischen Kräuter passen gut. Probieren Sie aus, was Ihnen am besten schmeckt.

TOMATENKETCHUP

150 g	Tomatenmark
30–50 g	Wasser
1 EL	Apfelessig
2–3 Msp	Steinsalz
2–4	Datteln, entsteint

nach Geschmack

1 Msp	Paprikapulver
1 Msp	Pfeffer, gemahlen
1 EL	Basilikum, gerebelt

§ Alle Zutaten in einem Mixer 30 Minuten einweichen, dann alles pürieren. Bei Bedarf noch etwas Wasser zugeben. Kräftig abschmecken.

§ TIPPS §

Die Datteln können auch durch ein Stück geschälte Banane ersetzt werden.

Für *Curryketchup* einfach etwas Currypulver dazugeben.

Noch intensiver wird das Tomatenaroma, wenn Sie zusätzlich getrocknete Tomaten verwenden (sonnengetrocknete Qualität), die Sie kurz in lauwarmem Wasser einweichen und dann fein hacken. Es gibt auch in Öl eingelegte getrocknete Tomaten.

§ HINWEIS §

Gerade auch beim Tomatenmark ist auf Bioqualität zu achten. Dies ist u. a. vor dem Hintergrund zu sehen, dass es inzwischen eine Masse an gentechnisch veränderten Tomaten gibt und die Kennzeichnung nur dann erfolgen muss, wenn der Grenzwert von 0,9% gentechnisch veränderter Tomaten an der Gesamttomatenmenge überschritten wird.

VEGANE MAYONNAISE

1–2 EL	Wasser
1–2 EL	Sonnenblumenöl
3 EL	helles Mandelmus
¼–½ EL	natürlicher Apfelessig
1 TL	zuckerfreier Senf
	etwas Zitronensaft
	Steinsalz
	Pfeffer

§ Alles zu einer glatten Creme verrühren.

Brötchen, Fladen und Brote – Genuss aus dem vollen Korn

BRÖTCHEN MIT SPROSSEN

3 EL	Sonnenblumenkerne
3 EL	Kürbiskerne
2 EL	Sesam
500 g	Dinkel
250 g	Roggen
2 TL	Steinsalz
2 TL	Brotgewürz, z. B. Anis-, Fenchel-, Koriander- und Kümmelsamen, im Mörser leicht angequetscht
1	Frischhefewürfel (42 g)
ca. 400 ml	Wasser, lauwarm
	nach Geschmack Sonnenblumen-, Kürbiskerne oder Sesam zum Bestreuen

§ Sonnenblumen- und Kürbiskerne sowie Sesam 2–3 Tage keimen lassen.

§ Dinkel und Roggen frisch mahlen, mit Salz und Brotgewürzen vermengen.

§ Hefe im Wasser auflösen und zur Mehlmischung geben.

§ Gekeimte Sprossen abspülen, in einem Sieb abtropfen lassen und vorsichtig mit dem Teig verkneten. Bei Zimmertemperatur eine halbe Stunde zugedeckt an einem zugfreien Platz gehen lassen.

§ Teig nochmals durchkneten und 15 Brötchen daraus formen. Diese auf ein gefettetes Backblech setzen und nochmals in warmer Umgebung eine halbe Stunde gehen lassen.

§ Backofen auf 200 °C vorheizen.

§ Brötchen mit kaltem Wasser bestreichen, evtl. mit Sonnenblumenkernen, Kürbiskernen oder Sesam bestreuen.

§ Ein feuerfestes Schälchen mit Wasser auf den Boden des Backofens stellen und im vorgeheizten Ofen auf der zweiten Schiene von unten 25–30 Minuten backen.

BRÖTCHEN MIT VOLLKORN

für ca. 12 Brötchen

550 g	Getreide, z. B. Weizen, Dinkel oder Kamut (auch gemischt)
ca. 330 ml	Wasser
1 Pck	Bio-Trockenhefe
2 TL	Stein- oder Kristallsalz
	Öl oder Streumehl (Seite 25)

Abbildung Seite 58/59.

§ Getreide fein mahlen. Alle Zutaten zusammenkneten und zugedeckt etwa 20 Minuten gehen lassen.

§ Backofen auf 250 °C vorheizen. Einen mit Wasser gefüllten Teller auf den Boden des Backofens stellen.

§ Den Teig in zwölf Stücke teilen, mit angefeuchteten Händen zu runden oder länglichen Brötchen formen und auf ein gefettetes oder mit Streumehl bestäubtes Backblech setzen. Die Brötchen mit Wasser besprühen.

§ Das Blech auf mittlerer Schiene in den vorgeheizten Backofen schieben. Das Wasser im Teller am Ofenboden muss dampfen, wenn die Brötchen eingeschoben werden.

§ 10 Minuten bei 250 °C, danach 20 Minuten bei 200 °C backen.

§ TIPPS §

75 g Sonnenblumen- oder Kürbiskerne unter den Teig kneten.

Für *Zwiebelbrötchen* 3–4 mittlere Zwiebeln schälen und fein würfeln. Die Zwiebelwürfel in wenig Öl rösten, etwas abkühlen lassen und in den Teig kneten.

Wenn die Brötchen einen Schnitt haben sollen, mit einem feuchten Messer vor dem Backen einen Schnitt in die Mitte des Brötchens ziehen. Oder einen Semmelstupfer bzw. Brötchendrücker benutzen (damit bekommt man schöne Muster auf die Brötchen).

Bevor die Brötchen aufs Blech gesetzt werden, die obere Seite in einen Teller mit Wasser tauchen und dann in Mohn, Sesam oder Sonnenblumenkernen wälzen.

GRUNDREZEPT NATURSAUERTEIG

für ca. 250 g Natursauerteig

1. Tag

30 g	Roggen, frisch mahlen
30 ml	Wasser, lauwarm

2. Tag

30 g	Roggen, frisch mahlen
30 ml	Wasser, lauwarm

3. Tag

100 g	Roggen, frisch mahlen
100 ml	Wasser, lauwarm

§ Backofen auf 100 °C vorheizen.

§ Mehl in einer Schüssel mit Wasser verrühren, Deckel auflegen und die Schüssel mit einer Decke umwickeln.

§ Backofen ausschalten und die umwickelte, zugedeckte Schüssel darin 24 Stunden ruhen lassen.

§ Falls der Backofen eine Grillvorrichtung hat, darauf achten, dass diese ausgeschaltet bleibt, sonst besteht Brandgefahr.

§ Roggenmehl und Wasser mit dem Teigansatz verrühren und wie oben weiter verfahren und wieder 24 Stunden im Warmen ruhen lassen.

§ Am dritten Tag die größere Menge Roggenmehl und Wasser mit dem Vorteig vermischen und nach demselben Verfahren weitere 24 Stunden ruhen lassen.

§ TIPPS §

Sauerteig lässt sich in einem Schraubglas ca. 10 Tage im Kühlschrank aufbewahren. Dafür eine kleine Menge Roggenvollkornmehl frisch mahlen und mit dem Sauerteig zu einem mittelfesten Teig verrühren.

Sauerteig kann auch eingefroren werden. Vor der Verwendung dann langsam im Kühlschrank auftauen lassen (ca. 24 Stunden). Bei Verwendung von tiefgekühltem Sauerteig kann sich die Ruhezeit des Vorteiges auf bis zu 24 Stunden verlängern.

VOLLKORNBROT MIT NATURSAUERTEIG

für 2 große Kastenformen mit Deckel

Vorteig

400 g	Roggen
125 g	Natursauerteig, (Seite 61)
½ l	Wasser, lauwarm

Hauptteig

1400 g	Getreide (Mischung aus Roggen, Dinkel, Weizen)
3 EL	Kümmelsamen
1 ½ EL	Koriandersamen
2 TL	Fenchelsamen
4 TL	Steinsalz
¾ l	Wasser, lauwarm
1–2 EL	Streumehl (Seite 25)
	natives Kokosöl oder Erdnussöl

§ Backofen auf 100 °C vorheizen.

§ Roggen fein mahlen und in eine Schüssel mit Deckel geben. Sauerteig im Wasser auflösen und mit dem Roggenvollkornmehl verrühren. Deckel auflegen und die Schüssel in eine Decke wickeln, in den Backofen stellen und diesen ausschalten. Den Teig darin über Nacht bzw. für zwölf Stunden stehen lassen.

§ 125 g dieses Vorteigs für ein weiteres Rezept abteilen, mit etwas Roggenvollkornmehl verkneten und aufbewahren.

§ Getreide mit den Gewürzen (ohne Salz) in der Getreidemühle fein mahlen. Salz untermischen und in die Mehlmitte eine Vertiefung drücken. Den restlichen Vorteig hineingeben und mit wenig Mehl vermengen. Lauwarmes Wasser dazugießen und alles gut miteinander verkneten, ggf. noch Wasser zugeben.

§ Backofen auf 100 °C vorheizen.

§ Teig in einer Knetschüssel mit Streumehl bestäuben und mit einem Küchentuch bedeckt in den warmen Backofen stellen. Temperatur ausschalten und den Teig 1 ½–2 Stunden gehen lassen, bis sich das Teigvolumen ungefähr verdoppelt hat.

§ Backofen wieder auf 100 °C vorheizen.

§ Zwei große Kastenformen mit Kokos- oder Erdnussöl fetten und jeweils eine Teighälfte hineingeben. Die Oberfläche mithilfe eines befeuchteten Löffels glatt streichen, je ein Küchentuch darüberlegen und die Brote bei abgeschalteter Temperatur weitere 50 Minuten gehen lassen.

§ Beide Backformen herausnehmen und den Backofen auf 250 °C vorheizen.

§ Ist der Teig stark nach oben gegangen, die Deckel der Brotbackformen erst nach zehn Minuten Backzeit auflegen, damit der Teig nicht daran kleben bleibt. Brote zunächst 20 Minuten im vorgeheizten Backofen auf der zweiten Schiene von unten backen, dann die Temperatur auf 180 °C zurückschalten und noch ca. 45 Minuten backen.

§ Brote noch heiß vorsichtig aus den Formen nehmen, auf ein mit Backpapier ausgelegtes Blech setzen und weitere 20 Minuten bei 180 °C auf der mittleren Schiene knusprig backen.

§ Brote auf einem Gitter auskühlen lassen.

Damit die Brote nach dem Halbieren des Gesamtteigs gleich groß sind, empfiehlt es sich, den Teig abzuwiegen.

Auf die Brote vor dem Backen Kümmelsamen oder frisch gequetschte Haferflocken geben.

Statt der Brotgewürze 200 g Sonnenblumenkerne in den Teig geben, die vorher über Nacht in etwas Wasser eingeweicht wurden – das macht das Brot besonders saftig. Dann die Kerne mit ihrem Einweichwasser in den Hauptteig kneten.

Sesam mit Kürbiskernen kombiniert sind eine schöne Alternative zu den Sonnenblumenkernen (Gesamtmenge: 200 g, das Einweichen entfällt dann).

FLADENBROT

500 g	Weizen oder Dinkel
1–2 TL	Steinsalz
1	Frischhefewürfel (42 g)
300–320 ml	Wasser

nach Geschmack

3 EL	Olivenöl
	Gewürze, z. B. Kümmel, Fenchel, Koriander
	frische oder getrocknete Kräuter, z. B. Kräuter der Provence, Brennnessel, Bärlauch, Oregano, Basilikum, Rosmarin

§ Getreide fein mahlen und mit dem Salz vermischen. Hefe im Wasser auflösen. Alles miteinander verkneten und 30 Minuten zugedeckt gehen lassen.

§ Backofen auf 250 °C vorheizen.

§ Die Gewürze im Mörser leicht anquetschen und unter den Teig kneten. Alternativ Kräuter nach Geschmack unter den Teig kneten. Frische Kräuter fein hacken.

§ Den ganzen Teig als Fladen auf ein gefettetes Backblech formen – oder vier kleine Fladen auf zwei Backblechen – und auf der mittleren Schiene etwa 15–20 Minuten knusprig backen.

Abbildung nebenstehend.

§ TIPPS §

Vor Einschieben des Teigs einen feuerfesten Teller mit Wasser auf den Boden des Backofens stellen. Das Wasser sollte dampfen, wenn der Teig hineinkommt. So geht das Gebäck schön auf und trocknet beim Backen nicht aus.

Dieses Fladenbrot schmeckt auch ohne Gewürze und Kräuter sehr gut. Dann nach dem Backen auf den noch heißen Fladen Schwarzkümmel oder Pizzagewürz streuen.

SCHNELLES HEFEBROT

650 g	Dinkel- oder Weizenvollkornmehl, frisch gemahlen
100 g	Sonnenblumen- und Kürbiskerne sowie Sesam, gemischt
1 Pck	Bio-Trockenhefe
2 TL	Steinsalz
500 ml	Wasser, lauwarm

§ Mehle und Körner in eine Schüssel geben. Hefe, Salz und Wasser hinzufügen. Alle Zutaten gut verkneten.

§ Eine Kastenform ölen, mit dem Teig befüllen und in den kalten Backofen stellen.

§ Auf der zweiten Schiene von unten 30 Minuten bei 250°C backen, dann bei 200°C auf der untersten Schiene weitere 30 Minuten backen.

§ TIPPS §

Brotgewürze wie Kümmel, Anis, Fenchel und Koriander unter den Teig geben. Davor die Gewürze frisch im Mörser zerkleinern, damit das Aroma erhalten bleibt. Auch Bockshornklee, Quendel (Feldthymian) oder Schabzigerklee sind gute Gewürze im Brot.

Für *Zwiebelbrot* 2–3 Zwiebeln schälen und fein würfeln. Die Zwiebelwürfel in wenig Öl rösten, etwas abkühlen lassen und in den Teig kneten.

Mit klein geschnittenen Kräutern wie Schnittlauch, Bärlauch, Petersilie, Basilikum oder Majoran können Sie ein leckeres Kräuterbrot herstellen.

ROHKOSTBROT NACH ART DER ESSENER

200 g	keimfähiges Getreide wie Weizen, Dinkel oder Roggen
6–7 EL	Wasser
50 g	Dinkel, frisch gemahlen
1 TL	Steinsalz
3 EL	Sesam
	Olivenöl

§ Getreide zwei Tage keimen lassen. Danach mit Wasser im Mixer zerkleinern.

§ Die Masse mit dem Dinkelvollkornmehl mischen, würzen und 30 Minuten quellen lassen. Zum Schluss den Sesam unterrühren.

§ Den Teig auf ein mit Olivenöl bestrichenes Backblech zum Fladen formen. Mithilfe eines in warmes Wasser getauchten Löffels gelingt dies leichter.

§ Im Backofen bei niedriger Temperatur ca. 10 Stunden trocknen lassen. In die Ofentür einen Rührlöffel klemmen, damit die Temperatur 40 °C nicht übersteigt.

§ TIPP §

Als weitere Würze für das Essener Brot eignet sich auch Brotgewürz. 1–2 TL zur im Rezept angegebenen Menge geben.

Brotaufstriche – pikant und süß

Die frisch hergestellten Brotaufstriche sind, wenn sie nicht noch am selben Tag vollständig verzehrt werden, in einem sauberen Gefäß (z. B. Glas mit Drehverschluss) im Kühlschrank aufzubewahren. Dort sind sie ein paar Tage haltbar.

Wenn in den Zutaten *Öl* aufgeführt ist, so ist immer kaltgepresstes Öl gemeint. Ihr Geschmack entscheidet, welches der guten nativen Öle zum Einsatz kommt.

Die in den Rezepten aufgeführten Kräuter und Gewürze sind Vorschläge, die Sie jederzeit kreativ variieren können. Inzwischen gibt es im Naturkostladen und Reformhaus zahlreiche wohl abgestimmte *Gewürzmischungen*, die für im Würzen noch Ungeübte gute Möglichkeiten zum Ausprobieren bieten. Die Würzmischungen haben den Vorteil, dass Sie sich nicht ein riesiges Gewürzsortiment zulegen. Einzelgewürze verlieren teilweise schnell ihr Aroma. Generell ist es gut, wenn Sie Ihre Gewürze in dunklen, festschließenden Gläsern aufbewahren.

Wenn keine Mengenangaben bei den Gewürzen vermerkt sind, so sind diese *nach Geschmack* zu verwenden. Tasten Sie sich bei den Mengen heran, würzen Sie lieber bei Bedarf nach.

APFEL-ZWIEBEL-AUFSTRICH

ca. 100 g	Naturreiscreme (Seite 26)
2–3 EL	Sonnenblumenöl
1	Apfel
1	Zwiebel
	Öl zum Braten
10	Haselnüsse, fein gemahlen
1 TL	zuckerfreier Senf
2 Msp	Steinsalz
1 TL	edelsüßes Paprikapulver

§ Abgekühlte Reiscreme mit dem Öl verrühren.

§ Apfel halbieren und Kernhaus entfernen. Zwiebel schälen und würfeln. Zusammen mit den klein geschnittenen Apfelstückchen in Öl hell anschwitzen.

§ Apfel-Zwiebel-Masse mit dem Haselnussmehl pürieren.

§ Alle Zutaten miteinander verrühren und pikant abschmecken.

AVOCADOAUFSTRICH

2	mittelgroße Pellkartoffeln, abgekühlt
1	reife Avocado
	Kräutersalz

§ Kartoffeln pellen und mit der Gabel in einer Schüssel zerdrücken.

§ Avocado halbieren und Kern entfernen. Fruchtfleisch mit einem Löffel aus der Schale holen und mit einer Gabel zerdrücken.

§ Zu den Kartoffeln in die Schüssel geben, gut vermengen und mit dem Kräutersalz abschmecken.

§ TIPP §

Etwas Zitronensaft und eine halbe zerdrückte Knoblauchzehe passen gut dazu.

AVOCADOCREME

1	reife Avocado
¼–½	Zwiebel, geschält
¼	Apfel
1 EL	Sonnenblumenöl
	Stein- oder Kristallsalz

§ Avocado halbieren und entkernen. Das Fruchtfleisch mit einem Löffel aus der Schale lösen und mit einer Gabel zerdrücken.

§ Zwiebel und Apfel klein würfeln. Alle Zutaten miteinander verrühren und mit wenig Salz abschmecken.

BOHNENAUFSTRICH

250 g	rote oder weiße Bohnen
3	Pellkartoffeln, abgekühlt
2	Tomaten, halbiert und Strunk sowie Kerne entfernt
1–2	Zwiebeln, geschält und geviertelt
2 EL	Petersilie, gerebelt
1–2 TL	zuckerfreier Senf
2–3 EL	Olivenöl
1 EL	Balsamico
	Salz und Kräutersalz
	schwarzer Pfeffer
	Currypulver
	Paprikapulver
1 EL	Majoran, gerebelt

Abbildung Seite 65.

§ Bohnen über Nacht in kaltem Wasser einweichen (das Wasser sollte zwei Fingerbreit über den Bohnen stehen).

§ Einweichwasser abgießen und Bohnen ca. 1 Stunde in frischem Wasser kochen. Kartoffeln pellen.

§ Alles mit den restlichen Zutaten in einen Mixer geben oder mit einem Pürierstab pürieren.

§ TIPP §

Eine stückigere Variante ist es, die Bohnen zunächst mit etwas Wasser zu pürieren. Die geschälten Kartoffeln durch eine Kartoffelpresse drücken oder mit der Gabel fein zerdrücken. Tomaten und Zwiebeln würfeln. Dann alle Zutaten gut miteinander verkneten.

CASHEW-MEERRETTICH-CREME

100 g	Cashewkerne
ca. 100 g	Naturreiscreme (Seite 26)
2–3 EL	Sonnenblumenöl
2 TL	zuckerfreier Senf
2–3 TL	Meerrettich, frisch gerieben oder aus dem Glas
	Kräutersalz

Abbildung Seite 65.

§ Cashewkerne fein mahlen. Abgekühlte Reiscreme mit dem Öl cremig rühren. Dann mit den restlichen Zutaten gut vermischen und abschmecken.

§ TIPPS §

Noch klein gehackte Zwiebeln und/oder Kräuter nach Wahl unterheben. Etwas Zitronensaft gibt eine frische Note.

§ HINWEIS §

Bei Meerrettich aus dem Glas darauf achten, dass dieser nicht geschwefelt ist und weder Zucker noch Jodsalz enthält.

ERDNUSSAUFSTRICH

60 g	Cashewkerne
60 ml	Wasser
100 g	Erdnüsse, ungesalzen und ungeröstet
½	Zwiebel
2 TL	zuckerfreier Senf
	Kräutersalz
	weißer Pfeffer

§ Für den Nuss-Schmand Cashews im Wasser ca. 20 Minuten einweichen, danach im Mixer oder mit dem Pürierstab pürieren.

§ Erdnüsse fettfrei in einer Pfanne anrösten, dann fein mahlen.

§ Zwiebel schälen und fein würfeln. Alle Zutaten gut miteinander verrühren.

§ TIPP §

Verschiedene fein gehackte Kräuter oder etwas Meerrettich variieren den Erdnussaufstrich wunderbar.

GEMÜSEAUFSTRICH

1	grüne Paprikaschote/Peperoni
1	gelbe Paprikaschote/Peperoni
1	Aubergine
2	Karotten
1	große Zwiebel, geschält
2	Knoblauchzehen (optional), geschält
6 EL	Olivenöl
	Steinsalz
	schwarzer Pfeffer
2–3 TL	Kräuter der Provence
100 g	Tomatenmark (siehe Hinweis Seite 56)

Abbildung Seite 58/59.

§ Gemüse waschen und putzen. Paprika, Aubergine und Karotten sehr klein schneiden oder grob raffeln.

§ Zwiebel und Knoblauch fein würfeln, in Öl andünsten.

§ Gemüse zur Zwiebel-Knoblauch-Mischung geben und ca. 10 Minuten mitdünsten. Mit Salz, Pfeffer und Kräutern der Provence würzen.

§ Tomatenmark dazugeben, nochmals kurz mitdünsten und die Gemüsemischung abkühlen lassen.

§ Die Hälfte des Gemüses im Mixer kurz anpürieren, mit dem stückigen Gemüse vermischen und kühl stellen.

§ TIPP §

Der Aufstrich passt warm auch sehr gut zu Vollkornnudeln oder Naturreis.

GEMÜSEAUFSTRICH ITALIENISCHE ART

100 g	rote Paprikaschote/Peperoni
100 g	Möhren
1	kleine Zwiebel
1	Knoblauchzehe
1	Lorbeerblatt
2 EL	Olivenöl
2 EL	Tomatenmark (siehe Hinweis Seite 56)
	Stein- oder Kristallsalz
	Kräutersalz
	schwarzer Pfeffer
1 TL	Thymian, gerebelt
1 TL	Oregano, gerebelt
1 Msp	Muskatnuss, frisch gerieben

§ Gemüse waschen, putzen und in kleine Würfel schneiden. Zwiebel und Knoblauch schälen und fein würfeln.

§ Olivenöl in einer Pfanne erhitzen, Zwiebeln und Knoblauch mit dem Lorbeerblatt darin anschwitzen.

§ Gemüse dazugeben und ca. 10 Minuten anbraten.

§ Leicht abgekühltes Gemüse pürieren, Tomatenmark dazugeben, mit Salz und den anderen Gewürzen kräftig abschmecken und nochmals gut verrühren.

KERNIGER KARTOFFELAUFSTRICH

150–200 g	Pellkartoffeln
60 g	Sonnenblumenkerne
1 EL	Sojasauce
1 EL	Sonnenblumenöl
1 Prise	Salz (bei Bedarf)

§ Kartoffeln pellen und durch die Kartoffelpresse drücken oder mit der Gabel zerdrücken.

§ Sonnenblumenkerne fettfrei in einer Pfanne anrösten und abkühlen lassen.

§ Alles miteinander verkneten.

§ TIPP §
Dieser Aufstrich schmeckt auch ohne Sojasauce.

KARTOFFEL-KRÄUTER-AUFSTRICH

3	mittelgroße Pellkartoffeln
2–3 EL	Öl
ca. 4 EL	frische Kräuter nach Wahl, fein gehackt
	Salz
	Kräutersalz

§ Kartoffeln durch die Kartoffelpresse drücken oder mit der Gabel oder einem Kartoffelstampfer zerdrücken. Noch warm mit dem Öl verrühren.
§ Kräuter dazugeben, gut verkneten und kräftig würzen.

§ TIPPS §

Noch ½ geschälte Zwiebel fein würfeln und dazugeben.
Auch fein gehackter oder durchgepresster Knoblauch passt gut dazu.
Wenn Sie es etwas pikanter mögen, können Sie noch ½ klein gehackte rote Chilischote unterkneten.

KARTOFFEL-OLIVEN-AUFSTRICH

300 g	frische Pellkartoffeln
3 EL	Oliven- oder Sonnenblumenöl
1 EL	Balsamico
1	Zwiebel
3	Tomaten
80–100 g	schwarze oder grüne Oliven, entsteint
3 TL	Majoran, gerebelt
1 TL	zuckerfreier Senf
	Stein- oder Kristallsalz
	Kräutersalz
1 EL	frische Petersilie, gehackt

§ Kartoffeln noch heiß pellen und durch die Kartoffelpresse drücken oder mit der Gabel zerdrücken. Den noch warmen Kartoffelbrei mit Öl und Essig verrühren.
§ Zwiebel schälen, Tomaten halbieren und jeweils den Strunk und die Kerne entfernen. Zwiebel und Tomaten fein würfeln.
§ Oliven klein schneiden. Majoran zwischen den Händen zerreiben und zum Kartoffelbrei geben.
§ Alles gut miteinander verrühren und pikant abschmecken.

Abbildung Seite 58/59.

§ TIPP §

Zwiebel und Tomaten mit Öl, Essig, Senf und Gewürzen in einen Mixer geben und pürieren. Dann mit den klein geschnittenen Oliven zu den zerdrückten Kartoffeln geben und verrühren, gut abschmecken. Majoran kann auch durch Oregano ersetzt werden. Frisch schmecken die Kräuter in diesem Aufstrich gut, dann aber etwas mehr verwenden, weil der Geschmack beim getrockneten Kraut intensiver ist.

KARTOFFEL-ZWIEBEL-AUFSTRICH

3–4	mittelgroße Kartoffeln
2–3 EL	Sonnenblumen- oder Hanföl
2–3	große Zwiebeln, geschält
	etwas Erdnuss- oder Kokosöl
	Kräutersalz
½ TL	Majoran, gerebelt

§ TIPPS §

½–1 gewürfelten ungeschälten Apfel mit der Zwiebel anbraten.

Frisch geriebene Muskatnuss passt zu diesem Aufstrich ausgesprochen gut.

§ Kartoffeln in mit Kümmel versehenem Wasser kochen, etwas abkühlen lassen und pellen. Kartoffeln durch die Kartoffelpresse drücken oder mit der Gabel oder einem Kartoffelstampfer zerdrücken. Noch warm mit dem Öl verkneten.

§ Zwiebeln würfeln, in einer Pfanne mit etwas Öl anrösten, dann abkühlen lassen.

§ Zwiebelwürfel zu den Kartoffeln geben, miteinander verkneten und mit den Gewürzen kräftig abschmecken.

KICHERERBSENCREME

100 g	Kichererbsen
1–2	Karotten oder anderes Gemüse
	Olivenöl
	Stein- oder Kräutersalz
	schwarzer Pfeffer
	Paprika- oder Currypulver
1 Msp	Kurkuma
	Kreuzkümmel
1–2 TL	Tomatenmark
	(siehe Hinweis Seite 56)

§ Kichererbsen mit ausreichend Wasser bedeckt über Nacht einweichen. Einweichwasser abgießen und in frischem Wasser ca. eine Stunde gar kochen. Danach mit etwas Kochwasser pürieren.

§ Karotten oder Gemüse nach Wahl waschen und putzen, dann in feine Würfel schneiden oder pürieren. Gemüse mit einem Strahl guten Olivenöls in die Kichererbsen einrühren.

§ Mit Gewürzen und nach Geschmack mit etwas Tomatenmark kräftig abschmecken.

KRÄUTERSCHMAND

Nuss-Schmand aus Cashews (siehe Seite 26)	§ Aus Cashewkernen in beliebiger Menge einen Nuss-Schmand herstellen und gut mit den Kräutern und Salz verrühren.
Kräuter nach Wahl, fein gehackt	
Kräutersalz	

§ TIPPS §

Der Nuss-Schmand schmeckt auch ohne Kräuter, nur mit Kräutersalz zubereitet. Als Dip für *Frischkost* oder für Artischocken ist er sehr gut geeignet.

Statt mit Cashews den Nuss-Schmand mit Mandeln herstellen.

LINSENAUFSTRICH

100 g	kleine Berglinsen	§ Linsen zusammen mit der geraffelten Möhre in ungesalzenem Wasser ca. 20 Minuten garen. Etwas abkühlen lassen und pürieren.
1	Möhre, gewaschen und abgebürstet	
50 g	Mandeln	§ In der Zwischenzeit Mandeln mit heißem Wasser überbrühen, etwas ziehen lassen, Wasser abgießen und dann die Haut abziehen. Mandeln trocknen lassen, dann fein mahlen.
125 g	Sonnenblumenkerne	
	Kräutersalz	
	schwarzer Pfeffer	
	etwas Muskatnuss, frisch gerieben	§ Sonnenblumenkerne fettfrei in einer Pfanne leicht anrösten. Die Hälfte der Sonnenblumenkerne mahlen, die andere Hälfte ganz lassen.
	Majoran, gerebelt nach Geschmack	
	Currypulver nach Geschmack	§ Alle Zutaten gut vermischen und abschmecken.
	etwas Sesamöl	

§ TIPPS §

Sonnengetrocknete, kleingehackte Tomaten geben dem Aufstrich schöne Farbtupfer. Dann das Salz reduzieren.

Die Gewürze können mit 1 TL Hefeflocken ergänzt werden.

MAJORANCREME

120 g	Wasser
1 Msp	Stein- oder Kristallsalz
30 g	Erdnuss- oder Kokosöl
75 g	Weizen oder Dinkel, fein gemahlen
60 g	Cashewkerne
60 ml	Wasser
2–3 EL	Sonnenblumenöl
3 TL	Majoran, gerebelt
1 TL	Kräutersalz
	weißer Pfeffer
	edelsüßes Paprikapulver
	Rosenpaprikapulver
½ TL	Bockshornkleesamen

§ Wasser mit Salz und Öl aufkochen, von der Kochstelle nehmen und das Mehl einrühren. Den Brandteig erkalten lassen.

§ Für den Nuss-Schmand die Cashews ca. 20 Minuten in Wasser einweichen, dann pürieren. Mit Öl, dem zwischen den Händen zerriebenen Majoran und dem Brandteig verrühren.

§ Bockshornkleesamen in Mörser zerreiben und mit den restlichen Gewürzen unter die Creme mischen.

§ TIPP §

Zu diesem Aufstrich passen auch frisch gehackte Kräuter wie Petersilie, Schnittlauch oder Salbei.

MANDEL-MÖHREN-SCHMAND

70 g	Cashewkerne
70 ml	Wasser
6 EL	Mandeln
2	Möhren
2 TL	Kräutersalz
2 TL	Kräuter- oder natürlicher Apfelessig
2 EL	Schnittlauchröllchen (optional)
2 TL	Zitronensaft
2 EL	Sonnenblumenöl

§ Cashews ca. 20 Minuten in Wasser einweichen, danach mit dem Wasser zu einem Nuss-Schmand pürieren.

§ Mandeln fein hacken. Möhren mit der Gemüsebürste unter fließendem kalten Wasser abbürsten, im Mixer zerkleinern oder auf der Rohkostreibe fein raffeln.

§ Restliche Zutaten mit Mandeln und Möhren verrühren, unter den Nuss-Schmand heben.

MÖHRENCREME

300 g	Möhren
200 ml	Wasser
10–15	grüne und schwarze Oliven, entsteint
½	kleine Zwiebel, geschält
	Stein- und/oder Kräutersalz

§ Möhren unter fließendem kalten Wasser mit der Gemüsebürste putzen, in ½ cm breite Scheiben schneiden und im Wasser etwa 10 Minuten bei niedriger Temperatur köcheln lassen. Danach die Möhren mit dem Wasser pürieren, klein geschnittene Oliven, Zwiebelwürfel und Salz nach Geschmack unterrühren.

§ TIPPS §

Dazu passen auch Gewürze wie Currypulver, Garam Masala, frisch geriebener Ingwer oder angequetschte Fenchelsamen. Eine exotische Note bekommen Sie durch Kokosraspel.

Wenn Sie ein Bund Möhren mit Grün gekauft haben, können Sie auch das Kraut fein hacken und zur Möhrencreme geben. Auch frische Petersilie, Bärlauch, Minze oder Zitronenmelisse harmonieren gut mit den Möhren.

Probieren Sie aus, welche Variationsmöglichkeiten Ihnen die Gewürze und Kräuter gerade auch bei den Brotaufstrichen bieten.

Wenn Sie die Garflüssigkeit der Möhren etwas reduzieren, können Sie auch noch etwas frisch gepressten Orangensaft dazugießen.

PAPRIKA-NUSS-AUFSTRICH

2	mittelgroße Pellkartoffeln
1	Apfel
1	kleine Zwiebel, geschält
	Sonnenblumenöl
1	rote Paprikaschote/Peperoni
50 g	Cashewkerne
	Steinsalz

§ Kartoffeln schälen, erkalten lassen und durch die Kartoffelpresse drücken oder mit der Gabel zerdrücken.

§ Kernhaus vom Apfel entfernen. Zwiebel und Apfel in kleine Würfel schneiden, in etwas Sonnenblumenöl anbraten, danach abkühlen lassen.

§ Paprika waschen, Stiel und Kerne entfernen und die halbierte Schote im Mixer kurz pürieren.

§ Cashews fein mahlen und mit den restlichen Zutaten gut verrühren. Zum Schluss mit wenig Salz abschmecken.

§ TIPP §

Bei Bedarf noch mit ungarischem Paprikapulver nachwürzen.

REIS-„QUARK"

80 g	Naturreis
200 ml	Wasser
60 g	Cashewkerne, fein gemahlen
½–1 TL	Steinsalz
½	Zitrone, Saft
200 ml	Wasser

§ Naturreis mit Wasser und 1 Prise Salz zum Kochen bringen. 40 Minuten bei reduzierter Hitze köcheln und 20 Minuten quellen lassen.
§ Alle anderen Zutaten mit dem noch warmen Reis pürieren, abkühlen lassen.

§ TIPPS §

Ergänzen Sie mit frisch gehackten Kräutern sowie evtl. Knoblauch und ersetzen Sie das Steinsalz durch Kräutersalz.

ROTER BOHNENAUFSTRICH

100 g	Adzukibohnen
1	Tomate
	Oregano, gerebelt
	Basilikum, gerebelt
	Paprika, edelsüß
1 EL	Hefeflocken
1–2 EL	Tomatenmark
	(siehe Hinweis Seite 56)
1 EL	Essig
	Stein- und/oder Kräutersalz

§ TIPP §

Noch asiatischer wird es, wenn die Hefeflocken durch Misopaste ersetzt werden. Die japanische Würzpaste wird aus fermentierten Sojabohnen und verschiedenem Getreide hergestellt. Sie enthält eine Reihe wirksamer Inhaltsstoffe und wird daher in der gesunden Küche geschätzt.

§ Bohnen über Nacht in kaltem Wasser einweichen (das Wasser sollte zwei Fingerbreit über den Bohnen stehen). Am nächsten Tag das Einweichwasser abgießen und die Bohnen in frischem Wasser 1–1½ Stunden kochen, bis sie weich sind. Bei Bedarf Wasser nachfüllen.
§ Bohnen pürieren, Tomaten waschen, Strunk entfernen und Tomaten klein würfeln. Mit den anderen Zutaten unter das Bohnenpüree mischen und kräftig würzen.

SAHNIG-VEGANER STREICH-„KÄSE"

1 EL	Naturreis
120 g	ungesalzene Cashew-, Macadamia- oder Paranüsse
1 TL	Agar-Agar
400 ml	Wasser
1½ TL	Steinsalz
1 EL	Zitronensaft

§ Naturreis fein mahlen und Nüsse mahlen.

§ Zusammen mit den restlichen Zutaten im Mixer pürieren.

§ Unter Rühren in einem Topf aufkochen und ca. 1–2 Minuten köcheln lassen.

§ Nach dem Erkalten wird die Masse fest und streichfähig.

§ TIPP §

Die Nüsse durch abgezogene Mandeln ersetzen. Mit den Gewürzen variieren und evtl. noch Hefeflocken zugeben. Ohne Agar-Agar wird die Creme zum leckeren Ersatz für eine *„Käse"-Sauce*.

SENFCREME

30–40 g	Naturreis
150 ml	Wasser
75 g	Cashewkerne
75 ml	Wasser
1–1 ½	kleine Zwiebeln, geschält
3 TL	zuckerfreier Senf
	Stein- oder Kristallsalz

§ Reis mahlen, in Wasser einrühren, aufkochen und abkühlen lassen.

§ Nüsse 20 Minuten einweichen und mit dem Wasser im Mixer pürieren.

§ Zwiebeln fein würfeln und alle Zutaten miteinander verrühren.

SESAMCREME

50 g	Cashewkerne
50 ml	Wasser
4 EL	weißes Tahin
1 EL	Zitronensaft
	evtl. 1 Knoblauchzehe
	Stein- oder Kräutersalz
	Pfeffer

§ Für den Nuss-Schmand Cashews 20 Minuten in Wasser einweichen und pürieren.

§ Alle anderen Zutaten dazurühren und abschmecken.

§ HINWEIS §

Weißes Tahin wird aus geschälter Sesamsaat hergestellt (siehe auch Hinweis Seite 53).

SONNENBLUMENAUFSTRICH

100 g	Sonnenblumenkerne
100–125 ml	Wasser
	frische Petersilie oder andere Kräuter, grob gehackt
½–1 TL	Steinsalz
½	Zitrone, Saft
½ TL	Curry (optional)

§ Alle Zutaten im Mixer pürieren.

§ TIPPS §

Der Aufstrich lässt sich gut mit verschiedenen rohen Gemüsesorten wie Tomaten, Gurken, Paprika u. a. variieren. Das Gemüse entweder fein scheiden oder grob raspeln und unter die Creme geben. Oder mit allen anderen Zutaten pürieren und nach Geschmack noch eine geschälte zerdrückte Knoblauchzehe hinzufügen. „Natur", also ohne Kräuter und Curry, dafür noch mit 1 EL Sonnenblumenöl, ist der Aufstrich die vegane Alternative zu den Milchprodukten *Quark* und *Butter*, mit Wasser verlängert ein *Ersatz für Sahne* oder *Schmand* bzw. *Crème fraîche*. Er eignet sich ideal zum Backen und Kochen.

SONNENBLUMEN-AVOCADO-AUFSTRICH

50 g	Sonnenblumenkerne
70–80 ml	Wasser
1	reife Avocado
½	Zwiebel
½	Zitrone, Saft
	Salz
	Kräutersalz
	weißer Pfeffer
	etwas Knoblauch (optional), geschält und zerdrückt
	Frühlingszwiebelgrün, Schnittlauch oder andere Kräuter

§ Sonnenblumenkerne mit Wasser im Mixer pürieren.

§ Avocado längs halbieren, Kern entfernen, Fruchtfleisch mit einem Löffel aus der Schale holen und mit einer Gabel zerdrücken.

§ Die Zwiebel schälen und fein würfeln. Alles miteinander verrühren und abschmecken.

§ Mit fein geschnittenen Kräutern bestreuen oder die Kräuter untermischen.

SONNENBLUMEN-KARTOFFEL-AUFSTRICH

100 g	Naturreis
500 ml	Wasser
100 g	Sonnenblumenkerne
2–3	Pellkartoffeln
1	Tomate
1 EL	frische Rosmarinnadeln
1 EL	Cashewmus
2 EL	Distel-, Sesam- oder Sonnen-blumenöl
2 EL	Sojasauce
	Salz
	weißer Pfeffer
½ Bd	Basilikum
½ Bd	Petersilie

§ Reis fein mahlen, im Wasser kurz aufkochen und abkühlen lassen.

§ Sonnenblumenkerne fettfrei in einer Pfanne anrösten, ebenfalls abkühlen lassen.

§ Kartoffeln schälen und durch eine Kartoffel-presse drücken oder mit einer Gabel zerdrücken.

§ Tomate halbieren, Strunk entfernen und grob schneiden. Rosmarin fein hacken.

§ Alle Zutaten – bis auf die Sonnenblumenkerne – in einen Mixer geben und pürieren.

§ Basilikum- sowie Petersilienblätter fein schneiden.

§ Ggf. nachwürzen, Sonnenblumenkerne und Basilikum sowie Petersilie untermischen.

§ TIPPS §

Brotaufstriche, die eine Reisbreicreme-Basis haben, lassen sich gut einfrieren.

2 TL Johannisbrotkernmehl machen den Aufstrich noch fester.

SCHNELLE TOMATENCREME

150 g	Reiscreme (siehe Seite 26)
80 g	Erdnussmus
3 EL	Tomatenmark (Hinweis Seite 56)
40 g	Sonnenblumenöl
2–3 TL	Kräutersalz
1 TL	zuckerfreier Senf

§ Alle Zutaten mit der abgekühlten Reiscreme verrühren.

§ TIPP §

Erdnussmus durch braunes oder weißes Mandelmus oder Cashewmus ersetzen.

TOMATEN-KRÄUTER-AUFSTRICH

2	Tomaten
1	kleine Zwiebel
100 g	Sonnenblumenkerne
100 ml	Wasser
2 EL	frische Petersilie, gehackt
1	Zitrone, Saft
1 Prise	Rosmarinpulver
1 TL	zuckerfreier Senf
	schwarzer Pfeffer
	Kräutersalz

§ Tomaten halbieren, Strunk entfernen und die Hälften in grobe Stücke schneiden.
§ Alle Zutaten im Mixer pürieren.

§ TIPP §

Petersilie durch frisches Basilikum (Blättchen von fünf Stängeln) ersetzen.

TOMATEN-KRÄUTER-CREME

120 g	Wasser
1 Msp	Stein- oder Kristallsalz
30 g	Erdnuss- oder Kokosöl
75 g	Weizen oder Dinkel, fein gemahlen
60 g	Cashewkerne
60 ml	Wasser
2 EL	Oliven- oder Sonnenblumenöl
1 TL	Paprikapulver
2 EL	Tomatenmark (Hinweis Seite 56)
	Kräutersalz
	schwarzer Pfeffer (optional)
	Kräuter oder Wildkräuter nach Wahl

§ TIPPS §

Nach Geschmack noch ½ geschälte fein gewürfelte Zwiebel und evtl. etwas geschälten zerdrückten Knoblauch zugeben.
Kräutersalz durch Gemüsebrühpulver ersetzen.

§ Wasser mit Salz und Öl aufkochen, von der Kochstelle nehmen, Mehl einrühren und den Brandteig erkalten lassen.
§ Für den Nuss-Schmand Cashews ca. 20 Minuten in Wasser einweichen, dann pürieren.
§ Alle Zutaten gut verrühren.

VEGANE „BUTTER"

20 g	Naturreis
100 ml	Wasser
je ½	Orange und Zitrone, Saft
1–2 EL	helles Mandelmus
100 ml	Sonnenblumenöl
100 ml	Wasser
2–3 TL	Johannisbrotkernmehl
1–2 Msp	Steinsalz

§ Naturreis fein mahlen, mit dem Wasser kurz aufkochen und abkühlen lassen.

§ Orangen- und Zitronensaft mit Mandelmus, Öl, Wasser und Johannisbrotkernmehl in einen Mixer geben und cremig mixen.

§ Zur Naturreiscreme geben und mit Salz abschmecken.

§ TIPPS §

Statt des Sonnenblumenöls kann auch ein anderes, neutral schmeckendes Öl verarbeitet werden. Alternativ den Saft einer ganzen Orange oder Zitrone verwenden.

Ohne die Reiscreme ist die „Butter" nicht ganz so cremig. Auf frischem Vollkornsauerteigbrot (Seite 62), bestreut mit Kräutersalz und Kümmel, schmeckt sie richtig gut.

VEGANER „KÄSE"

100 g	ungesalzene Cashew-, Macadamia- oder Paranüsse
400 ml	Wasser
2½ TL	Agar-Agar
1–1½ TL	Stein- oder Kräutersalz
½	Zitrone, Saft
2 EL	Hefeflocken

§ Nüsse fein mahlen. Alle Zutaten zusammen in einen Mixer geben und pürieren.

§ Masse unter Rühren in einem Topf aufkochen, ca. 1–2 Minuten köcheln lassen.

§ In offene Frischhaltedosen oder Schraubgläser füllen und erkalten lassen, dann ist der vegane „Käse" schnittfest. Gefäße mit Deckeln verschließen und im Kühlschrank aufbewahren.

§ TIPPS §

Statt der Nüsse abgezogene Mandeln frisch mahlen.

Nach Geschmack edelsüßen Paprika, Currypulver, ganzen oder gemahlenen Kümmel vor dem Kochen unterrühren.

Nach dem Kochen einige ganze entsteinte Oliven dazugeben und die Masse fest werden lassen.

Dieser „Käse" ist zum *Überbacken*, z. B. von Pizza, gut geeignet.

Ohne Agar-Agar wird daraus eine köstliche *Sauce*, die bei Bedarf noch mit etwas Reismehl angedickt werden kann.

VEGANE „LEBERWURST"

100 g	Grünkern
200 ml	Gemüsebrühe
2	Lorbeerblätter
¼	Zwiebel, geschält
1	Knoblauchzehe, geschält
1 EL	Hefeflocken
2 TL	Majoran, gerebelt
5 EL	Sonnenblumen- oder Olivenöl
	Kräutersalz

§ Grünkern mittelgrob schroten und in Gemüsebrühe zusammen mit den Lorbeerblättern etwa zwei Minuten kochen. Den Topf vom Herd ziehen und die Masse abkühlen lassen. Lorbeerblätter entfernen.

§ Zwiebel fein würfeln, die Knoblauchzehe durch die Presse drücken oder fein hacken.

§ Alle Zutaten miteinander verrühren und kräftig abschmecken.

§ TIPP §
Der Aufstrich schmeckt auch als „feine Leberwurst" ohne Zwiebeln.

VEGANER STREICH-„KÄSE" MIT PAPRIKA

1 EL	Naturreis
¼	rote oder gelbe Paprikaschote/ Peperoni
60 g	Cashewkerne
1 TL	Agar-Agar
250 ml	Wasser
1½ EL	Zitronensaft
2 EL	Hefeflocken
1 TL	Steinsalz

§ Naturreis fein mahlen und Cashews im Mixer zerkleinern. Paprika waschen, Stiel und Kerne entfernen. Paprikaviertel in kleine Stückchen schneiden.

§ Alle Zutaten im Mixer pürieren. Die Masse unter Rühren in einem Topf aufkochen, ca. 1–2 Minuten köcheln lassen. Erkalten lassen, damit der Streich-„Käse" fest wird.

§ TIPPS §
Klein gewürfelte Paprika nach dem Kochen zugeben.
Ohne Agar-Agar wird daraus eine leckere *Paprika-„Käse"-Sauce*.
Statt Paprika können auch andere Gemüsesorten verwendet werden. Ein Stück Möhre, einige Brokkoliröschen oder 2–3 Champignons geben dem Streich-„Käse" jedes Mal ein anderes Aroma.

ZWIEBELSCHMALZ

125 g	Kokosöl
1½	Zwiebeln, geschält
	Kräutersalz
	Majoran

§ TIPP §

½ Apfel würfeln und mit der Zwiebel anbraten.

§ Weiches Kokosöl cremig rühren oder im Warmwasserbad flüssig werden lassen.

§ Zwiebeln würfeln, mit etwas Öl in einer Pfanne anschwitzen oder nach Geschmack knusprig anbraten und abkühlen lassen.

§ Alle Zutaten miteinander verrühren. Kräftig mit den Gewürzen abschmecken und kühl stellen.

ANANASKONFITÜRE

50 g	Mangos, getrocknet
ca. 6	Datteln, entsteint
½	frische Ananas
1–2 TL	Zitronensaft, frisch gepresst

Abbildung nebenstehend.

§ Mangostücke etwas zerkleinern und mit den Datteln 1–2 Stunden in Wasser einweichen. Danach die Flüssigkeit abgießen; sie ist mit frischem Wasser aufgegossen eine leckere Limonade.

§ In Stücke geschnittene Ananas mit Zitronensaft, Mango und Datteln im Mixer pürieren.

§ Konfitüre im Kühlschrank fest werden lassen

FRISCHKOSTAUFSTRICH

für ein Glas mit 500 g Inhalt

300 g	frische oder TK-Früchte nach Wahl
8	Datteln, entsteint
1–2 TL	Zitronensaft, frisch gepresst

§ TIPP §

Falls der Aufstrich fester sein soll, noch 1–2 TL Johannisbrotkernmehl unterrühren und vor der weiteren Verwendung ca. 15 Minuten quellen lassen.

KAKAOCREME

60 g	Datteln, entsteint
60 ml	Wasser
4 EL	Kokosöl
4 EL	Wasser oder Musmilch (siehe Seite 27)
2 EL	schwach entöltes Kakaopulver, durchgesiebt

§ Datteln in Wasser 30 Minuten einweichen, im Mixer mit dem Einweichwasser pürieren.
§ Kokosöl in eine Tasse geben und im Wasserbad erwärmen, bis das Öl flüssig ist.
§ Alle Zutaten gut miteinander verrühren.

§ TIPP §

Fester wird die Kakaocreme, wenn Wasser oder Musmilch weggelassen wird.

MANDEL-SCHOKO-CREME

200 g	Mandeln
60–80 g	Datteln, entsteint
60–80 ml	Wasser
3 EL	Sonnenblumenöl
1½ EL	schwach entöltes Kakaopulver, durchgesiebt
3 EL	Haselnussmus

§ Mandeln mit heißem Wasser überbrühen, Wasser abgießen und Haut abziehen. Trockene abgezogene Mandeln fein mahlen.
§ Datteln in Wasser 30 Minuten einweichen, im Mixer mit dem Einweichwasser pürieren.
§ Alle Zutaten gut miteinander verrühren.

NUSSCREME

25 g	Naturreis
125 ml	Wasser
50 g	Datteln, entsteint
50 ml	Wasser
80 g	Haselnuss- oder Mischmus
ca. 50 g	Haselnuss- oder Sonnenblumenöl

§ Naturreis fein mahlen, mit dem Wasser kurz aufkochen und die Reiscreme auskühlen lassen.
§ Datteln in Wasser 30 Minuten einweichen, im Mixer mit dem Einweichwasser pürieren.
§ Alle Zutaten zu einer Creme rühren.

§ TIPP §
Etwas Vanillemark oder -pulver, aber auch etwas Getreidekaffeepulver für eine *Capuccino-Creme*, geben der Nusscreme ein besonderes Aroma.

SCHOKOAUFSTRICH

100 g	Mandeln
60–80 g	Datteln, entsteint
60–80 ml	Wasser
2 EL	schwach entölter Kakao, durchgesiebt
4 EL	Mischmus
2 EL	Sonnenblumen- oder Sesamöl

§ Mandeln mit heißem Wasser überbrühen, Wasser abgießen und Haut abziehen. Trockene abgezogene Mandeln fein mahlen.
§ Datteln in Wasser 30 Minuten einweichen, im Mixer mit dem Einweichwasser pürieren.
§ Alle Zutaten gut miteinander verrühren.

§ TIPP §
Eine zerdrückte Banane hinzufügen.

SCHOKOLADENCREME

80 g	Datteln, entsteint
80 ml	Wasser
150 g	Haselnuss-, Misch-, Erdnuss-, Cashew- oder Mandelmus
1–2 EL	Carob- oder schwach entöltes Kakaopulver
2–3 EL	Sonnenblumen-, Raps-, Sesam-, Maiskeim- oder Kokosöl

nach Geschmack

1–2 TL	Getreidekaffeepulver
1 Msp	Vanillemark oder -pulver
½ TL	Zimtpulver

§ Datteln in Wasser ca. 30 Minuten einweichen, im Mixer mit dem Einweichwasser pürieren.
§ Alle Zutaten gut verrühren und in den Kühlschrank stellen.
§ Wird Kokosöl verwendet, dieses vorher im Warmwasserbad flüssig werden lassen. Mit Kokosöl wird die Creme im Kühlschrank deutlich fester als mit den anderen Ölen und erinnert noch mehr an „richtige" Schokolade.
§ Falls das verwendete Nussmus sehr weich sein sollte, auf das Öl verzichten, damit die Creme nicht zu flüssig wird.

Abbildung Seite 85.

§ TIPPS §

Ca. 50 g Nüsse, Mandeln oder Sonnenblumenkerne ganz, gemahlen oder gehackt, geröstet oder ungeröstet, dazugeben.

Eiskonfekt: Schokocreme in einen Spritzbeutel geben und in Papierkonfektschälchen spritzen (oder zwei kleine Löffel dafür verwenden). Nach einiger Zeit im Gefrierfach ist das ein leckeres Eiskonfekt. Es bekommt einen knackigen Kern, wenn Sie zuerst eine Hasel- oder ungesalzene Macadamianuss in das Papierschälchen hineinlegen.

Ohne Kakaopulver erhält man eine feine *Nougatcreme.*

SCHOKONELLA

100 g	Datteln, entsteint
100 ml	Wasser
60 g	Cashewkerne für den Nuss-Schmand
60 ml	Wasser
120 g	Cashewkerne
3 EL	Carob
1 EL	Sonnenblumenöl
1 Msp	Vanillepulver oder mehr etwas Wasser zum Strecken

§ Datteln in Wasser 30 Minuten weichen, mit der Flüssigkeit pürieren.
§ Für den Nuss-Schmand Cashewkerne in Wasser 20 Minuten einweichen und mit der Einweichflüssigkeit pürieren.
§ Cashews fein mahlen. Dann mit allen Zutaten gut verrühren.

BANANENCREMESUPPE

1	Zwiebel
1 EL	Erdnussöl
1 l	Gemüsebrühe
2	Bananen, geschält
50 g	Weizenvollkornmehl
200 g	Nuss- oder Musmilch (siehe Seite 27)
1 EL	Currypulver
	Kräutersalz
	weißer Pfeffer
1–2 EL	Zitronensaft, frisch gepresst

§ TIPPS §

Als Dekoration eignen sich grob zerkleinerte Pistazien, pro Portion ca. 1 TL, die vor dem Servieren über die Suppe gestreut werden. Knoblauchfans geben noch 1–2 geschälte und zerdrückte Knoblauchzehen dazu.

§ Zwiebeln und Knoblauch schälen, fein würfeln und in Öl anschwitzen. Mit Gemüsebrühe auffüllen und zum Kochen bringen.

§ Die in Scheiben geschnittenen Bananen dazugeben, mit Mehl andicken und fünf Minuten köcheln lassen. Alles im Mixer pürieren und in den Topf zurückgießen.

§ Nuss- oder Musmilch und Curry mit dem Schneebesen unterrühren.

§ Mit Kräutersalz, Pfeffer und Zitronensaft abschmecken.

BROKKOLICREMESUPPE

2	Zwiebeln
2 EL	Olivenöl
500 g	Brokkoli
1–2	Staudenselleriestangen
2	kleine Kartoffeln (oder 1 große)
1 l	Wasser
	Salz
	weißer Pfeffer
	Majoran, gerebelt
	Currypulver
	Paprikapulver, edelsüß
ca. 2 EL	Gemüsebrühwürze

§ Zwiebeln schälen, fein würfeln und in heißem Olivenöl andünsten. Brokkoli und Staudensellerie waschen. Kleine Röschen vom Brokkoli abteilen und den Strunk sowie den Sellerie in Stücke schneiden.

§ Kartoffeln dünn schälen, würfeln und mit Brokkoli und Sellerie zu den Zwiebeln geben, etwa fünf Minuten mitdünsten.

§ Wasser auffüllen und 10–15 Minuten köcheln lassen. Mit Gewürzen und Gemüsebrühe abschmecken. Alles pürieren.

§ TIPP §

Brokkoliröschen erst für die letzten paar Minuten mitkochen und knackig garen.
Dann vor dem Pürieren herausnehmen und vor dem Servieren wieder zur Suppe geben.

FENCHELCREMESUPPE

500 g	Fenchel
2	mittelgroße Kartoffeln
1	Zwiebel
1	Knoblauchzehe
3 EL	Olivenöl
1 l	Gemüsebrühe
	Steinsalz
	schwarzer Pfeffer
	Sesam

§ Fenchel waschen, in grobe Stücke schneiden. Kartoffeln und Zwiebel schälen und würfeln. Knoblauchzehe schälen und durchpressen.

§ Olivenöl in einem Topf erhitzen, Zwiebel mit Knoblauchzehe darin andünsten. Fenchel und Kartoffeln dazugeben, mit Gemüsebrühe auffüllen und 10–15 Minuten köcheln lassen. Abschmecken und pürieren.

§ Sesam fettfrei in einer Pfanne anrösten und vor dem Servieren über die Suppe streuen.

§ TIPPS §

Kürbis statt Fenchel verwenden, noch frischen fein gehackten Ingwer dazugeben und die fertige *Kürbiscremesuppe* mit frisch gepresstem Orangensaft abschmecken.
Vor dem Pürieren noch 50 g Cashewkerne dazugeben, dann schmeckt die Suppe noch cremiger.

GEMÜSEBOUILLON MIT SESAMFLÄDLE

FLÄDLE

50 g	Cashewkerne
150 ml	Wasser
50 g	Dinkel
50 g	Hartweizen
100 ml	Gemüsebrühe
1 Prise	Steinsalz
	Öl zum Braten
1–2 TL	Sesam
ca. 1 l	Gemüsebrühe
½ Bd	frische Petersilie, gehackt

Abbildung Seite 92/93.

§ Für die Nussmilch Cashews in Wasser ca. 20 Minuten einweichen, anschließend zusammen pürieren.

§ Getreide fein mahlen. Alle Zutaten bis auf den Sesam gut verrühren und quellen lassen.

§ In einer Pfanne wenig Öl erhitzen und nacheinander dünne Pfannkuchen ausbacken. Bevor der Teig stockt, mit Sesam bestreuen und dann die andere Seite backen. Bei Bedarf Öl nachgießen.

§ Die fertigen Pfannkuchen in dünne Streifen schneiden und die Flädle in tiefe Teller legen.

§ Gemüsebrühe erhitzen, auf die Flädle gießen und mit gehackter Petersilie bestreuen.

§ TIPP §

Auch mit frischen Schnittlauchröllchen ist diese Suppe ein Genuss.

EINFACHE GRÜNKERNSUPPE

für 6 Portionen

180 g	Grünkern
350 ml	Wasser
1¼ l	Wasser
3 TL	Steinsalz
3 TL	Gemüsebrühwürze
	Sonnenblumen-, Sesam- oder Olivenöl
	Liebstöckel, glatte Petersilie oder Schnittknoblauch, fein gehackt

§ Grünkern fein mahlen und mit dem Schneebesen in 350 ml Wasser einrühren, einige Minuten quellen lassen.

§ Wasser mit Salz und Gemüsebrühe zum Kochen bringen. Gequollenen Grünkern in die kochende Brühe einrühren.

§ Nach einer Minute vom Herd ziehen und etwas Öl zugeben. Mit Kräutern bestreut servieren.

GRÜNKERN-TOMATEN-SUPPE

4 EL	Grünkern
5	mittelgroße Tomaten
2 EL	Olivenöl
1 EL	Gemüsebrühwürze
1 l	Wasser
	Kräutersalz

§ Grünkern mittelgrob mahlen. Tomaten halbieren, Strunk entfernen und die Hälften in Würfel schneiden.

§ Öl in einem Topf erhitzen, Grünkern darin anbraten, bis er nach Nüssen duftet. Hitze reduzieren, Tomatenwürfel hinzufügen und eine Minute leicht köcheln.

§ Gemüsebrühe dazugeben und mit Wasser auffüllen. Ca. zehn Minuten auf kleiner Stufe kochen. Mit Kräutersalz abschmecken.

KARTOFFEL-MÖHREN-CREMESUPPE

500 g	Kartoffeln
350 g	Möhren
1 l	Gemüsebrühe
1 TL	Steinsalz
1 EL	Majoran, gerebelt
50 ml	Sonnenblumenöl
2 EL	Mandelmusmilch (siehe Seite 27)
	etwas Muskatnuss, frisch gerieben

§ Kartoffeln schälen und in Würfel schneiden. Möhren unter fließendem kalten Wasser mit der Gemüsebürste putzen und in Würfel schneiden.

§ Bis auf Musmilch und Muskat alles in einen Topf geben und zum Kochen bringen. 15–20 Minuten leicht köcheln lassen.

§ Zum Schluss die Musmilch zugießen, pürieren und kräftig abschmecken.

§ TIPPS §

Vor dem Pürieren einige Kartoffel- und Möhrenwürfel aus der Suppe fischen und vor dem Servieren in die Schüsseln geben.

Fettfrei geröstete Sonnenblumenkerne oder andere Ölsaaten passen als Dekoration gut dazu.

§ HINWEIS §

Das Muskataroma verkocht schnell, daher dieses Gewürz immer erst ganz zum Schluss dazugeben, damit es seinen Geschmack in der Speise entfalten kann.

KARTOFFELSUPPE

600–700 g	Kartoffeln
1	Lauchstange
	Steinsalz
	weißer Pfeffer
1,2 l	Gemüsebrühe
	frische Petersilie und/oder
	Schnittlauch, klein gehackt

Abbildung Seite 92/93.

§ Kartoffeln schälen, waschen und klein schneiden. Das Grün der Lauchstange (siehe Tipp) und Wurzelansatz entfernen, die Stange halbieren, waschen und in Streifen schneiden.

§ Kartoffeln, Lauch, Gewürze und Brühe in einen Topf geben und zum Kochen bringen. Bei reduzierter Hitze ca. 15 Minuten leicht köcheln lassen.

§ Die Suppe pürieren und mit Petersilie und/oder Schnittlauch bestreuen.

§ TIPPS §

In der Bärlauchsaison passt auch frisch gehackter Bärlauch gut dazu. Schnittknoblauch oder Borretsch sind ebenfalls eine frische Kräutervariante.

Lauchgrün für andere Gerichte verwenden (z. B. für die Lauchcremesuppe Seite 96) oder für diese Suppe in feine Streifen schneiden und roh als Garnitur verwenden oder schmale Lauchröllchen mit wenig Öl in der Pfanne anbraten und zum Schluss auf die Suppe geben.

Die Kartoffelsuppe wird mit 200 ml Nuss- oder Musmilch (siehe Seite 27) noch sahniger. Dann nur einen Liter Gemüsebrühe verwenden.

OMAS KARTOFFELSUPPE

ca. 1 kg	Kartoffeln
	frisches Gemüse wie Lauch,
	Möhren, Knollensellerie usw.
1 l	Gemüsebrühe
	Steinsalz
	Pfeffer

§ Kartoffeln schälen und in kleine Stücke schneiden, ebenso das frische Gemüse. Kartoffeln und Gemüse in einen Topf füllen, die Gemüsebrühe, Salz und Pfeffer dazugeben. Alles ca. 20 Minuten kochen lassen und anschließend pürieren. Ggf. nochmals nachwürzen.

§ TIPPS §

Es gibt auch getrocknetes Suppengewürz, das statt des frischen Gemüses für diese Suppe verwendet werden kann.

Ein schönes Aroma geben getrocknete Steinpilze, die einfach mitgekocht werden. In der Pfanne mit Zwiebelwürfelchen angebratene Champignonscheiben passen als Suppeneinlage ebenfalls gut dazu.

KÜRBISSUPPE

2	Zwiebeln
	Sonnenblumen- oder Olivenöl
1	Hokkaido-Kürbis
5–6	Kartoffeln
1 l	Gemüsebrühe
	Steinsalz, Kräutersalz
	Pfeffer
	evtl. Muskatnuss, frisch gerieben

§ Zwiebeln schälen und würfeln. Zwiebelwürfel in wenig Öl andünsten.

§ Kürbis waschen, auseinanderschneiden, Kerne mit einem Löffel herausholen und das Kürbisfleisch würfeln.

§ Kartoffeln schälen, waschen und würfeln. Kürbis- und Kartoffelstücke zu den Zwiebeln geben und kurz mitdünsten. Dann mit der Gemüsebrühe aufgießen und in 15–20 Minuten gar kochen.

§ Anschließend die Suppe pürieren und mit den Gewürzen kräftig abschmecken.

§ TIPPS §

Hokkaido-Kürbisse können mit Schale verwendet werden. Selbstverständlich schmeckt die Suppe auch mit anderen Kürbissorten. Je nachdem, wie mehlig das Kürbisfleisch ist, mit der Anzahl der Kartoffeln variieren, die durch ihre Stärke für die Bindung der Suppe sorgen.

Zum Schluss fettfrei geröstete Kürbiskerne und etwas natives Kürbiskernöl dazugeben.

LAUCHCREMESUPPE

50 g	Cashewkerne
150 ml	Wasser
2	Lauchstangen
2	Kartoffeln
1	Zwiebel
1 l	Gemüsebrühe
1–2 EL	Zitronensaft, frisch gepresst
	Steinsalz
	Muskatnuss, frisch gerieben
	Petersilie oder Kresse, fein gehackt

§ Für die Nussmilch Cashews in Wasser ca. 20 Minuten einweichen, dann pürieren.

§ Wurzelansatz und welkes Grün vom Lauch entfernen. Lauchstange längs halbieren und gründlich waschen, dann in schmale Streifen schneiden.

§ Kartoffeln und Zwiebel schälen und würfeln. Mit Lauch in der Brühe 10–15 Minuten köcheln.

§ Zitronensaft, Gewürze und Nussmilch dazugeben und pürieren. Mit den Kräutern garnieren.

§ TIPP §

Etwas Lauchgrün für die Garnitur aufheben und in feine lange Streifen schneiden.

LINSENSUPPE

300 g	braune Linsen
2–3	Möhren
100 g	Zwiebeln
1,3 l	Wasser
300 g	Kartoffeln
4 TL	Gemüsebrühpulver
3 TL	Steinsalz
3 TL	Kräuter der Provence
5 EL	natürlicher Apfelessig
5 EL	Olivenöl

§ Linsen kurz in klarem Wasser waschen und verlesen. Möhren unter fließendem kalten Wasser mit der Gemüsebürste putzen, Zwiebeln schälen.

§ Möhren und Zwiebeln in kleine Würfel schneiden und mit den Linsen 30 Minuten im Wasser kochen.

§ Kartoffeln mit Schale fein zu den Linsen reiben, mit Gemüsebrühe, Salz und Kräuter würzen und weitere 15 Minuten leicht kochen.

§ Vom Herd ziehen, Essig und Öl unterrühren. Bei Bedarf nachwürzen.

„MARK"-KLÖSSCHENSUPPE NATUR

2–3	Vollkornbrötchen
2 EL	Sonnenblumenöl
	Muskatnuss, frisch gerieben
	Steinsalz
	frische Petersilie, fein gehackt
	Vollkornsemmelbrösel
1½ l	Gemüsebrühe oder mehr

§ Brötchen in feine Würfel schneiden, in Wasser einweichen und ausdrücken.

§ Öl, Gewürze, Petersilie und Brösel dazugeben, bis ein fester Teig entsteht, und abschmecken.

§ Kleine Klößchen formen, in der heißen Gemüsebrühe gar ziehen lassen, nicht kochen.

§ TIPP §

Vollkornnudeln (ohne Ei) können als zusätzliche Suppeneinlage verwendet werden. In diesem Fall zunächst die Nudeln in der Gemüsebrühe einige Minuten vorkochen und erst dann die „Markklößchen" zum Ziehenlassen dazugeben.

FRUCHTIGE MÖHRENSUPPE

200 g	Trockenaprikosen (siehe Hinweis Seite 17 und 25)
1	Zwiebel
600 g	Möhren
3 EL	Sesamöl
1 l	Gemüsebrühe
je 1 Prise	Zimt- und Nelkenpulver sowie Muskatnuss, frisch gerieben
	Steinsalz
2	Zitronen, Saft

Abbildung nebenstehend.

§ Aprikosen ca. zwei Stunden in Wasser einweichen. Zwiebel schälen und würfeln. Möhren mit der Gemüsebürste unter fließend kaltem Wasser abbürsten und in Stücke schneiden.

§ Zwiebelwürfel in Öl andünsten und mit Gemüsebrühe aufgießen.

§ Das Einweichwasser der Aprikosen abgießen und anderweitig verwenden. Sechs Aprikosen in dünne Streifen schneiden und beiseitelegen. Die restlichen Aprikosen mit den Möhren zur Brühe geben und 15–20 Minuten kochen, dann pürieren.

§ Mit Gewürzen und Zitronensaft abschmecken, Aprikosenstreifen zum Schluss in die Suppe geben.

§ TIPP §

Bei den Gewürzen können Sie mit frisch geriebenem Ingwer und Korianderpulver variieren oder frisch gehacktes Koriandergrün zum Schluss über die Suppe geben.

PETERSILIENCREMESUPPE

2 Bd	glattblättrige Petersilie
1 l	Gemüsebrühe
	Salz
	weißer Pfeffer
	Currypulver oder frisch gepresster Zitronensaft
60 g	Cashewkerne

§ Petersilie waschen und Blätter von den Stängeln zupfen. Stängel mit der Gemüsebrühe aufkochen, 5 Minuten köcheln lassen und dann aus der Brühe entfernen. Petersilienblättchen fein hacken.

§ Gemüsebrühe mit Salz, Pfeffer und Currypulver oder Zitronensaft abschmecken.

§ Cashewkerne zugeben, etwas ziehenlassen und dann in einem Mixer oder mit einem Pürierstab pürieren.

§ Petersilie zugeben und servieren.

TOMATENCREMESUPPE I

800 g	Tomaten
1	Zwiebel
30 ml	Erdnussöl
2 EL	Naturreismehl, frisch gemahlen
½ l	Gemüsebrühe
4 EL	Tomatenmark (siehe Hinweise Seite 56)
1 TL	Kräutersalz
1 EL	Pizzagewürz

§ Tomaten waschen, halbieren, Strunk jeweils entfernen und Tomatenhälften klein schneiden.

§ Zwiebel schälen, würfeln und in Öl anbraten.

§ Reismehl mit etwas Wasser glatt rühren und mit Brühe, Tomatenmark, Tomaten und Gewürzen zu den Zwiebelwürfeln geben. Das Ganze kurz aufkochen und bei geringer Hitzezufuhr ca. 10 Minuten köcheln lassen.

§ Suppe pürieren, abschmecken und bei Bedarf nachwürzen.

§ HINWEIS §

In den meisten Pizzagewürzmischungen sind Thymian, Oregano, Basilikum und Rosmarin enthalten. Bei manchen ist noch Salbei, Bohnenkraut und Liebstöckel dabei. Selbstverständlich können Sie auch mit den Einzelkräutern ganz nach Geschmack die Suppe würzen oder frische fein gehackte Kräuter verwenden.

TOMATENCREMESUPPE II

1	große Zwiebel
100 g	Karotten
1	große Kartoffel, mehlig kochend
500 g	Tomaten
2 EL	Erdnussöl
	Steinsalz
	schwarzer Pfeffer
3–4 TL	Oregano, gerebelt
¾ l	Wasser
2 EL	Naturreismehl, frisch gemahlen
	frische Kräuter wie Basilikum oder
	Schnittlauch, feingehackt

§ TIPPS §

Reismehl kann auch durch Johannisbrotkernmehl ersetzt werden.

In der Pfanne geröstete Croûtons von Vollkornbrötchen oder -brot schmecken lecker dazu.

§ Zwiebel schälen und klein hacken. Karotten unter fließendem Wasser mit der Gemüsebürste sauber bürsten, dann in Scheiben schneiden. Kartoffel schälen und in kleine Stücke schneiden. Tomaten waschen, vierteln und Strunk entfernen.

§ Zwiebel in heißem Öl glasig anschwitzen, Karotten und Kartoffeln hinzufügen, fünf Minuten mitdünsten.

§ Mit Salz, Pfeffer und Oregano würzen, Tomatenviertel und Wasser hinzufügen, ca. 30 Minuten köcheln lassen.

§ Suppe pürieren und mit in etwas Wasser glatt gerührtem Reismehl binden. Nochmals kurz aufkochen und mit den frischgehackten Kräutern überstreuen.

KALTE TOMATENSUPPE

für 2 Personen

5	Tomaten
½ l	Wasser
1	Knoblauchzehe, geschält
	Salz
	schwarzer Pfeffer
	frische Basilikumblätter
1 TL	Rosmarinnadeln, gehackt

Abbildung Seite 99.

§ Tomaten am Stielansatz mit einem Messer überkreuz einritzen, mit kochendem Wasser überbrühen, häuten und den Strunk entfernen.

§ Alle Zutaten in einen Mixer geben und pürieren.

§ TIPP §

Diese „rohköstliche" Tomatensuppe ist eine herrliche Erfrischung im Sommer. Erweitern Sie das Rezept mit Salatgurke, Zwiebelwürfeln, roten Paprikaschoten/Peperoni, Zitronensaft und hochwertigem Olivenöl zu einer spanischen *Gazpacho*.

DUNKLE BASISSAUCE

für 2 Personen

40 g	Cashewkerne
1 EL	Naturreis
300 ml	Wasser
4 EL	Sojasauce
	Salz
1–2 TL	Hefeflocken (optional)

§ Cashews und Reis fein mahlen. Alle Zutaten gut miteinander verrühren oder kurz aufmixen. Unter ständigem Rühren die Sauce in einem Topf aufkochen.

§ TIPP §

Die Sauce passt zu Kartoffelgerichten, Vollkornnudeln (ohne Ei), Naturreis und zu gedünstetem Gemüse. Sie kann gut mit getrockneten oder frischen Pilzen zu einer *Pilzsauce* ergänzt werden.

KALTE GEMÜSESAUCE

2	Tomaten
1	kleine Paprikaschote/Peperoni
1	Möhre
2 EL	Olivenöl
1 TL	zuckerfreier Senf
1 EL	Ume Su (Hinweis Seite 22)
	oder natürlicher Apfelessig
	Salz
	schwarzer Pfeffer
	frische Kräuter nach Geschmack
	und Angebot
	Sojasauce

§ TIPP §

Die Sauce harmoniert mit einem frischen Salat wie auch mit Kartoffeln, Vollkornnudeln (ohne Ei) und Naturreis.

§ Gemüse waschen, bei den Tomaten den Strunk und bei der Paprika Stiel und Kerne entfernen.

§ Gemüse in Stücke schneiden, mit den übrigen Zutaten in einem Mixer durchmixen und mit Sojasauce abschmecken.

MANGOSAUCE

20 g	Datteln, entsteint
20 ml	Wasser
1	reife Mango
1	Zwiebel
2 EL	Dinkel
4 EL	Wasser
3 EL	Sesamöl
½ l	Wasser
1 EL	Cashew- oder Mandelmus
	Kräutersalz
	Currypulver
	Zimtpulver

§ Datteln in Wasser 30 Minuten einweichen und mit dem Einweichwasser pürieren.

§ Mango und Zwiebel schälen, Mango vom Kern lösen. Zwiebel würfeln, Mango in Streifen schneiden.

§ Dinkel frisch mahlen und mit Wasser anrühren. Zwiebelwürfel in heißem Öl anschwitzen, Mangostreifen dazugeben, Wasser zugießen und zum Kochen bringen.

§ Mit dem angerührten Dinkelmehl abbinden, nochmals kurz aufkochen lassen.

§ Nussmus, Dattelpüree und Gewürze zur Sauce geben und abschmecken.

§ TIPPS §

Datteln durch ein Banane ersetzen und mitpürieren.

Die Sauce schmeckt sehr gut zu Wild- oder Naturbasmatireis.

PAPRIKA-TOMATEN-SAUCE

2	rote Paprikaschoten/Peperoni
1	große Zwiebel
3 EL	Olivenöl
2 EL	Tomatenmark (Hinweis Seite 56)
	Steinsalz
	Kräutersalz
	Paprikapulver
	Pfeffer

§ Paprika entstielen und entkernen und in grobe Stücke schneiden. Zwiebel schälen und grob würfeln.

§ Das Gemüse in erhitztem Öl anbraten. Tomatenmark und Gewürze zugeben, nochmals kurz erhitzen, pürieren und abschmecken. Bei Bedarf noch etwas Wasser zugießen.

§ TIPPS §

Wer es etwas pikanter mag, verwendet statt edelsüßem Paprikapulver Rosenpaprika.

Die Sauce passt gut zu Vollkornnudeln (ohne Ei), Naturreis und Kartoffelgerichten.

SPAGHETTISAUCE

1	Zwiebel
	Olivenöl
80 g	Weizen oder Dinkel
ca. 500 ml	passierte Tomaten
¼ l	Gemüsebrühe
½–1	rote Paprikaschote/Peperoni
2–3 EL	Mais, frisch oder TK
1–2 TL	zuckerfreier Senf
1	Knoblauchzehe (optional), geschält und zerdrückt
	Sojasauce
	Steinsalz
	Paprikapulver, edelsüß

§ Zwiebel schälen, würfeln und in etwas Olivenöl leicht anbraten.

§ Getreide mit der Flockenquetsche frisch flocken und mit anbraten.

§ Tomaten und Gemüsebrühe zugießen und aufkochen.

§ Paprika klein würfeln, mit Mais und den restlichen Zutaten zu den Getreidezwiebeln geben.

§ Fünf bis zehn Minuten köcheln lassen, dann nochmals abschmecken und bei Bedarf nachwürzen.

TOMATENSAUCE

für 2 Personen

1–2	Zwiebeln
2	Knoblauchzehen (optional)
4 EL	Sonnenblumenöl
2	Tomaten
6 EL	Tomatenmark (Hinweis Seite 56)
4 TL	Oregano, gerebelt
	Kräutersalz
	Pfeffer
	Wasser

§ Zwiebeln und Knoblauchzehen schälen und fein hacken. In erhitztem Öl goldgelb anschwitzen.

§ Die Tomaten halbieren, Strunk entfernen und Hälften zerkleinern. Mit den restlichen Zutaten zu den Zwiebeln geben.

§ Bei schwacher Hitze sämig einkochen, pürieren und pikant abschmecken.

§ TIPP §

Die Tomatensauce schmeckt gut zu Vollkornnudeln (ohne Ei) und Naturreis.

SCHNELLE TOMATENSAUCE

2 EL	Naturreis
2–3 EL	Öl
½ l	Wasser
2–3 EL	Tomatenmark (Hinweis Seite 56)
	Gemüsebrühpulver
	Salz

§ Reis fein mahlen und in erhitztem Öl anbräunen. Wasser zugießen und aufkochen.
§ Tomatenmark und Gewürze unterrühren.

§ TIPPS §

Vollkornnudeln (ohne Ei), vegane Maultaschen und Tortellini bekommen mit dieser schnellen Tomatensauce einen leckeren Tomatenpartner. Darübergestreute frisch gehackte Kräuter – nach Geschmack und Angebot – passen gut dazu.

VEGANE „BRATEN"-SAUCE

1	Zwiebel
2 EL	Sonnenblumenöl
2 EL	Weizenvollkornmehl, frisch gemahlen
½ l	Gemüsebrühe
2–3 EL	Sojasauce
	Steinsalz
	schwarzer Pfeffer
1–2 EL	Naturreis, frisch gemahlen
	etwas Wasser

§ Zwiebel schälen, würfeln und in erhitztem Öl fünf Minuten anbraten.
§ Mehl zugeben, weitere fünf bis zehn Minuten garen, bis alles eine nussbraune Farbe angenommen hat.
§ Nach und nach Gemüsebrühe zugießen und einrühren. Sauce aufkochen und zehn Minuten köcheln lassen.
§ Die Sauce durch ein feines Sieb in einen Topf passieren, mit Sojasauce, Salz und Pfeffer abschmecken.
§ Naturreis mit etwas Wasser glatt rühren. Sauce aufkochen und mit dem angerührten Reismehl binden.

§ TIPP §

Die Sauce zu Naturreis, Vollkornnudeln (ohne Ei) und zu verschiedenen Kartoffelzubereitungen wie Bratkartoffeln, Kroketten und Kartoffelschnitzel usw. reichen.

VEGANE „KÄSE"-SAUCE

sahnig-veganer Streich-„Käse"
(Seite 78)
oder veganer „Käse" (Seite 82)

§ Eines der „Käse"-Rezepte aus dem Kapitel
„Brotaufstriche" ohne Agar-Agar zubereiten.

§ TIPPS §

Die heiße „Käse"-Sauce passt zu Vollkornnudeln
(ohne Ei), Naturreis und Kartoffelgerichten.
Für eine *Meerrettichsauce* noch frisch geriebenen Meerrettich in die Sauce geben oder auf
Meerrettich aus dem Glas ausweichen. Dann
darauf achten, dass der Meerrettich nicht geschwefelt ist und keine weiteren Zusätze (z. B.
Zucker etc.) enthält.

VEGANES RAGÚ

1	Zwiebel
1–2	Knoblauchzehen (optional)
3 EL	Öl
150 g	Sonnenblumenkerne
1–2	Möhren
1–2	Staudenselleriestangen
650 ml	Tomaten, passiert
5–6 EL	Tomatenmark (Hinweis Seite 56)
	Steinsalz
	schwarzer Pfeffer
2 TL	Oregano, gerebelt
1 TL	frische Rosmarinnadeln, gehackt

§ Zwiebel und Knoblauch schälen, fein würfeln
und in erhitztem Öl glasig anschwitzen.
§ Sonnenblumenkerne im Mixer grob zerkleinern und zu den Zwiebeln geben.
§ Möhren unter fließendem Wasser mit einer
Gemüsebürste putzen und mit der groben Raffel
in die Zwiebeln reiben.
§ Staudensellerie waschen, klein würfeln,
mit passierten Tomaten, Tomatenmark und
Gewürzen in den Topf zum Gemüse geben.
§ 10–15 Minuten köcheln lassen, bei Bedarf
etwas Wasser zugießen.

Abbildung nebenstehend.

§ TIPPS §

In Italien wird das Gericht Spaghetti Bolognese genannt. 500 g Vollkornspaghetti dazu nach
Packungsaufschrift kochen, die Nudeln auf Tellern anrichten und die Sauce darübergeben.
Die Sauce kann am Schluss auch püriert werden.

VEGANES, SCHNELLES RAGÚ

80 g	Grünkern
½–1	Zwiebel
2 EL	Öl
½ l	Gemüsebrühe
3–4 EL	Tomatenmark (Hinweis Seite 56)
	Steinsalz
	Pizzagewürz (Hinweis Seite 100)
	und/oder Oregano, gerebelt

§ Grünkern grob schroten. Zwiebel schälen und würfeln.

§ Zwiebelwürfel in erhitztem Öl anbraten, Grünkern dazugeben und kurz mit anbraten.

§ Gemüsebrühe angießen und zum Kochen bringen. Tomatenmark hinzufügen und mit den Gewürzen kräftig abschmecken. Bei Bedarf noch etwas Wasser zugießen.

§ TIPP §

Eine perfekte Sauce zu Spaghetti, die mit frisch gehackten Kräutern und/oder Ölsaaten wie Sonnenblumenkernen (frisch geröstet oder pur) variiert werden kann.

WEISSE SAUCE – VEGANE BÉCHAMELSAUCE

für 2 Personen

25 g	Cashewkerne
75 ml	Wasser
300 ml	Gemüsebrühe
25 g	Naturreis (Rund- oder Langkorn), sehr fein gemahlen
	Steinsalz
	weißer Pfeffer

§ Für die Nussmilch Cashews 20 Minuten in Wasser einweichen und pürieren.

§ Gemüsebrühe und Nussmilch zum Kochen bringen. Reismehl mit etwas Flüssigkeit glatt rühren, zur Gemüsebrühe geben und kurz aufkochen.

§ Den Topf vom Herd ziehen und mit den Gewürzen abschmecken.

§ TIPPS §

Diese Sauce passt hervorragend zu verschiedenen Kartoffelgerichten, Nudeln, Reis und zu gedünstetem Gemüse.

Ein Spritzer frisch gepresster Zitronensaft und frisch gehackter Estragon passen gut dazu.

SÜSSE SAUCEN

FRUCHTSAUCE

frische Früchte oder TK-Ware

Zitronensaft, frisch gepresst

Banane oder Trockenfrüchte nach
Geschmack

§ Früchte mit etwas Zitronensaft und Bananen
im Mixer pürieren. Tiefgekühltes Obst erst auftauen lassen und mit der Auftauflüssigkeit verwenden.

§ Werden Trockenfrüchte verwendet, bei Bedarf
noch etwas Wasser hinzufügen.

§ TIPP §

Eine schöne Ergänzung zu Obstsalaten, Eis,
süßen Gerichten und zum Frischkornmüsli.

VANILLESAUCE

50–60 g	Datteln, entsteint
50–60 ml	Wasser
¼ l	Wasser
2 EL	Naturreis, frisch gemahlen
½–1 TL	Vanillepulver oder ausgekratztes Vanillemark
2 EL	weißes Mandelmus
	etwas Wasser

§ Datteln 30 Minuten in Wasser einweichen und
mit der Einweichflüssigkeit pürieren.

§ Reismehl mit etwas Wasser glatt rühren, dann
ins restliche Wasser einrühren und zum Kochen
bringen.

§ Vanille, Mandelmus und pürierte Datteln dazugeben, gut verrühren. Bei Bedarf mit etwas
Wasser verdünnen, damit die Sauce nicht zu
dickflüssig wird.

§ TIPPS §

Für *Schokoladensauce* statt Vanille 2 EL gesiebtes Kakaopulver oder Carob und statt Mandelmus
Haselnuss- oder Mischmus verwenden.

Die Saucen eignen sich für Eis, Obstsalat oder andere süße Gerichte.

Hauptgerichte

ARTISCHOCKEN MIT KRÄUTERSCHMAND

4	große Artischocken
1	Zitrone, Saft
	Meersalz
	Kräuterschmand (Menge und Zubereitung Seite 74)

Abbildung nebenstehend.

§ TIPP §

Kleine Artischocken haben wenig Heu und können je nach Größe geviertelt in der Pfanne gebraten werden. Dazu nur die Blütenblätter etwas mit einer Schere stutzen und bei Bedarf den Stiel kürzen. Dazu passen Kräuterschmand (Seite 74) oder Kräuter- (Seite 49) oder Tomaten-Dressing (Seite 52).

§ Stiele der Artischocken abbrechen und die unteren Blätter entfernen. Mit einer Schere die Spitzen der seitlichen und oberen Blätter abschneiden.

§ Artischocken in strudelndem Salzwasser, dem Zitronensaft hinzugefügt wurde, in einem weiten Topf ca. 35 Minuten gar kochen. Die Artischocken sind gar, wenn sich ein Blättchen aus der Mitte herausziehen lässt.

§ Kräuterschmand separat zu den Artischocken servieren und die Blättchen einzeln herausziehen, mit dem dicken Ende in den Kräuterschmand tauchen und die untere Hälfte der Blättchen aussaugen (die Zähne zur Hilfe nehmen).

§ Das Heu nicht mitessen, am besten mit einem Löffel vom Fruchtboden abheben und diesen dann als krönenden Abschluss genießen.

KLEINE ARTISCHOCKEN-PIZZE

Teig

400 g	Dinkel- oder Weizenvollkornmehl, frisch gemahlen
1 TL	Salz
1 Pck	Trockenhefe
200 ml	Wasser

Belag

1–2	Knoblauchzehen (optional)
2	Zwiebeln
1	rote Paprikaschote/Peperoni
1	grüne Paprikaschote/Peperoni
100 g	grüne oder schwarze Oliven, entsteint
3 EL	Olivenöl
	schwarzer Pfeffer
	Kräutersalz
	gemischte italienische Kräuter: Majoran, Rosmarin, Thymian, Basilikum
100 g	Tomatenmark (Hinweis Seite 56)
3–5 EL	Wasser
300 g	in Öl eingelegte Artischocken-herzen

§ Zutaten für den Teig gut durchkneten und zugedeckt eine Stunde gehen lassen.

§ Knoblauch schälen und nach Geschmack feinhacken. Zwiebeln schälen und in Streifen schneiden. Paprika halbieren, Stiel und Kerne entfernen und Hälften ebenfalls in Streifen schneiden. Oliven grob hacken.

§ Öl in einer Pfanne erhitzen und die Gemüse-streifen, bei Bedarf mit dem Knoblauch unter Rühren anbraten und anschließend mit den Gewürzen abschmecken.

§ Backofen auf 200 °C vorheizen.

§ Teig nochmals durchkneten und in acht Teile portionieren. Jedes einzeln rund ausrollen und auf je vier davon auf zwei gefetteten Back-blechen mit Abstand platzieren. Den Rand des Pizzateigs etwas hochziehen.

§ Tomatenmark mit Wasser glatt rühren, auf den Teig streichen, Gemüsemischung darauf verteilen und Artischocken – je nach Größe hal-biert oder geviertelt – auf den Pizze verteilen.

§ Im vorgeheizten Backofen 20–25 Minuten backen, nach der Hälfte der Zeit das obere mit dem unteren Blech tauschen (bei Heißluft: 180 °C).

§ HINWEIS §

Bei eingelegten Artischocken eher die in Öl ein-gelegten verwenden, auch hier ist Bioqualität zu bevorzugen. Bei den in Essig eingelegten ist teil-weise Zucker zugegeben.

Artischockenherzen sind auch eine genussvolle Ergänzung zu Blattsalaten.

§ TIPPS §

Sonnenblumenkerne darüberstreuen und mitbacken.

Nach dem Backen noch mit feinem Olivenöl beträufeln.

BANANENHIRSE

3 T.	Wasser
1 Prise	Salz
1 T.	Hirse
2	Äpfel
4	Bananen
1	Zitrone, Saft
40–60 g	Datteln, entsteint
40–60 ml	Wasser
	etwas Zimtpulver

§ Wasser zum Kochen bringen, Salz und Hirse zufügen, 10 Minuten kochen und 20 Minuten ausquellen lassen.

§ Datteln 30 Minuten in Wasser einweichen und mit dem Einweichwasser pürieren.

§ Äpfel waschen, halbieren, Kerngehäuse entfernen, Hälften in Würfel schneiden und in etwas Wasser kurz dünsten.

§ Bananen schälen, pürieren oder mit der Gabel zerdrücken und mit Zitronesaft vermischen.

§ Äpfel und Bananen zur Hirse geben, mit pürierten Datteln und Zimt abschmecken.

§ TIPP §

Das Gericht lässt sich auch gut im Ofen überbacken. Dazu die Apfelwürfel nicht dünsten und die Masse in eine gefettete Auflaufform füllen, mit Mandelblättchen bestreuen und bei 200 °C ca. 20 Minuten backen.

BOHNENTOPF

200 g	weiße oder rote Bohnen
100 g	Natur-, Wild- oder Basmatireis
	Gemüsebrühpulver
2	Zwiebeln
3 EL	Olivenöl
1	Aubergine
2	Möhren
1	Staudenselleriestange
1	grüne Paprikaschote/Peperoni
½ l	passierte Tomaten (natur)
	Steinsalz, schwarzer Pfeffer
	Majoran oder Oregano, gerebelt
	frischer Zitronenthymian,
	Blättchen abgezupft

§ Bohnen über Nacht in Wasser einweichen. Einweichwasser abgießen und in ½ l frischem Wasser 60–70 Minuten kochen (probieren!).

§ Reis mit etwa der doppelten Menge Wasser (Packungshinweise beachten) aufkochen und bei niedriger Hitzezufuhr zugedeckt garen, bis die Flüssigkeit eingezogen ist.

§ Zwiebeln schälen, würfeln und in Olivenöl anschwitzen.

§ Gemüse waschen und putzen, grob würfeln, zu den Zwiebeln geben und kurz mitdünsten.

§ Tomatenpassata nach und nach zugießen, einige Minuten einkochen lassen.

§ Bohnen, Reis und Gemüse vermischen und mit den Gewürzen abschmecken.

§ TIPP §

Im Sommer sonnengereifte Tomaten verwenden! Strunk entfernen und Tomaten würfeln, mit dem Gemüse mitdünsten und bei Bedarf Wasser zugießen.

CHAMPIGNONBRATLINGE MIT KRÄUTERSCHMAND

50 g	Cashewkerne
50 ml	Wasser
350 g	Champignons
3 EL	Sonnenblumenöl
150 g	Einkorn oder Hafer, frisch zu Flocken gequetscht
1–2 TL	Steinsalz
1 Prise	weißer Pfeffer
ca. 90 g	Weizen
	Öl zum Braten
100 g	Cashewkerne
100 ml	Wasser
	frische Kräuter nach Jahreszeit und Geschmack
1 Prise	weißer Pfeffer
	Kräutersalz

§ TIPPS §

Fein gehackte frische Kräuter sind eine schöne Ergänzung bei den Bratlingzutaten. Geeignet sind u.a. Petersilie, Schnittknoblauch, Thymian oder Zitronenmelisse.

Das Pilzaroma wird noch intensiver, wenn Sie noch getrocknete Pilze wie Herbsttrompeten oder Steinpilze verwenden. Dazu die Pilze einige Minuten in lauwarmem Wasser einweichen, das Pilzwasser durch ein Sieb abgießen und anderweitig verwenden. Die eingeweichten Pilze fein hacken und unter die Bratlingmasse geben.

§ Für den Nuss-Schmand Cashews in Wasser ca. 20 Minuten einweichen und darin pürieren.

§ Champignons mit der weichen Seite der Gemüsebürste sauber bürsten. Pilze mit Öl und Getreideflocken in der Küchenmaschine klein mixen. Salz, Pfeffer, frisch gemahlenes Weizenvollkornmehl, Nuss-Schmand und nach Geschmack Petersilie zugeben und gut vermischen.

§ Öl in einer Pfanne erhitzen und nacheinander darin aus dem Champignonteig kleine Bratlinge herstellen.

§ Fertige Bratlinge auf ein Blech legen und bei 100 °C im Backofen warm stellen, bis der ganze Teig verarbeitet ist.

§ Für den Kräuterschmand Cashews in Wasser etwa 20 Minuten einweichen und darin pürieren. Fein gehackte Kräuter unterrühren und mit den Gewürzen abschmecken.

CHILI SIN CARNE

250 g	Kidney- oder Adzukibohnen
1 l	Wasser
½ TL	Salz
100 g	Karotten
80 g	Knollensellerie
150 g	Kartoffeln
150 g	Zwiebeln
1–2	rote Chilischoten/Peperoncini
5 EL	Olivenöl
250 g	Tomaten
50 g	Maiskörner, frisch oder TK-Ware
100 g	Tomatenmark (Hinweise Seite 56)
1 TL	Basilikum, gerebelt
1½ TL	Oregano, gerebelt
1½ TL	Paprikapulver, edelsüß
½ TL	Kreuzkümmelpulver
1 Prise	Cayenne
1½–2 TL	Salz
1½ TL	Gemüsebrühe

§ TIPPS §

Als Beilage schmeckt Naturlangkornreis oder Vollkornnudeln (ohne Ei).
Wenn Kinder mitessen, Cayenne und Chilischoten weglassen.

§ Bohnen über Nacht oder zwölf Stunden in ausreichend Wasser einweichen. Am nächsten Tag die Bohnen in frischem Wasser eine Stunde kochen, bis sie weich sind. Salzen, etwas ziehen lassen, durch ein Sieb abgießen und Kochwasser auffangen.
§ Karotten, Sellerie und Kartoffeln waschen, putzen und in Würfel schneiden.
§ Zwiebeln schälen und klein würfeln. Chilischoten halbieren, Stiel und Körner entfernen, Chilihälften in feine Streifen schneiden. Mit den Zwiebelwürfeln in Öl glasig anschwitzen.
§ Tomaten halbieren, Strunk entfernen und Hälften klein schneiden. Mit dem Gemüse und Mais zu den Zwiebeln geben und kurz mitdünsten.
§ Vorgekochte Bohnen und Tomatenmark darunterrühren, mit dem Bohnenkochwasser aufgießen und aufkochen.
§ Gewürze dazugeben, 30 Minuten leicht köcheln. Abschmecken und ggf. nachwürzen. Bei Bedarf noch Flüssigkeit nachgießen.

CURRYREIS MIT CHAMPIGNONRAHMSAUCE

60 g	Rosinen
400 g	Naturreis oder Naturbasmatireis
1 l	Wasser
1 TL	Steinsalz
80 g	Mandelblättchen
3–4 TL	Currypulver
	Salz

Sauce

1	Zwiebel
	Sonnenblumenöl
400 g	Champignons
	Kräutersalz
200 ml	Wasser
1–2 EL	Cashew- oder Mandelmus

§ Rosinen in etwas lauwarmem Wasser eine Stunde einweichen.

§ Reis in einem Sieb waschen, mit dem Wasser und Salz 40 Minuten auf niedriger Hitze köcheln, dann vom Herd ziehen und 20 Minuten quellen lassen.

§ Rosinen abtropfen lassen. Mandeln fettfrei in einer Pfanne rösten.

§ Rosinen, Mandeln und Gewürze unter den gegarten Reis geben und abschmecken.

§ Zwiebel schälen, würfeln und in etwas Öl anbraten.

§ Champignons mit der weichen Seite der Gemüsebürste sauber bürsten, in Stücke schneiden, zu den Zwiebeln geben und mitbraten. Kräutersalz darüber streuen.

§ Wasser mit dem Nussmus mixen und zu den Champignons geben. Abschmecken und bei Bedarf nachwürzen.

§ Curryreis auf Tellern anrichten, die Champignonrahmsauce darübergießen.

ERBSEN-MÖHREN-GEMÜSE

für 2 Personen

1	Zwiebel
	Öl zum Dünsten
4–5	Möhren
	Kurkuma, Ingwer oder Kreuzkümmel
2 Handvoll	Erbsen, frisch oder TK-Ware
¼ l	Gemüsebrühe
2 EL	Naturreis
	Stein- und/oder Kristallsalz

§ Zwiebel schälen, fein würfeln und in etwas Öl andünsten.

§ Möhren mit der Gemüsebürste unter fließendem kalten Wasser abbürsten und in Scheiben schneiden.

§ Möhren zur Zwiebel geben, kurz mitdünsten, mit Gemüsebrühe ablöschen und ca. 15 Minuten mit den Gewürzen kochen. Fünf Minuten vor Ende der Garzeit die Erbsen dazugeben.

§ Naturreis fein mahlen, in etwas Wasser glatt rühren und zum Andicken in kochende Flüssigkeit einrühren. Mit Salz abschmecken.

FRIKADELLEN

für ca. 12 Frikadellen

250 g	Weizen
250–300 ml	heiße Gemüsebrühe
100 g	Mandeln
1	Möhre
1–2	Zwiebeln
1–2	Knoblauchzehen
3–4 EL	Tomatenmark (Hinweise Seite 56)
	Pfeffer
	Paprika, edelsüß
	Oregano oder Majoran, gerebelt
	Steinsalz

§ Getreide mittelfein mahlen, mit heißer Gemüsebrühe anrühren und quellen lassen.

§ Mandeln mahlen, fettfrei in einer Pfanne anrösten und abkühlen lassen.

§ Möhren mit der Gemüsebürste unter fließendem kalten Wasser abbürsten und fein raspeln.

§ Zwiebeln und Knoblauch schälen, Zwiebeln klein würfeln und Knoblauch zerdrücken.

§ Tomatenmark und Gewürze mit den restlichen Zutaten in den abgekühlten Getreidebrei rühren.

§ Mit angefeuchteten Händen aus dem Teig zwölf Frikadellen formen. Entweder in einer Pfanne in heißem Öl beidseitig braten oder im Backofen auf einem Backblech, das mit Öl bepinselt wurde, 20 Minuten bei 225 °C garen. Nach 10 Minuten die Frikadellen wenden.

§ TIPPS §

Das Rezept funktioniert auch mit Dinkel oder ohne Zwiebeln und/oder Knoblauch.

Beim Würzen können Sie noch mit Gewürzmischungen für Gemüsegerichte aromatische Akzente setzen. Auch frische Kräuter können unter den Frikadellenteig gemischt werden.

Klein geschnittener Lauch oder Frühlingszwiebeln passen ebenfalls gut in die Frikadellenmischung.

Auch kalt schmecken die Frikadellen lecker, z. B. mit etwas zuckerfreiem Senf zwischen zwei Vollkornbrötchenhälften.

GEMÜSEBRATLINGE

je 2	Lauchstangen und Möhren
300 g	Kartoffeln
4 EL	Sonnenblumenöl
4–5 EL	Hartweizen, frisch gemahlen
	Steinsalz
	schwarzer oder weißer Pfeffer
	Muskatnuss, frisch gerieben
½ Bd	Petersilie
ca. 6 EL	Vollkornpaniermehl
	Olivenöl

§ TIPP §

Die kleinen Bratlinge sind auch kalt ein Genuss und z. B. zum Picknick eine ideale Ergänzung.

§ Lauch halbieren, waschen und in dünne Streifen schneiden. Kurz mit zwei Teelöffeln Wasser andünsten, bis er zusammenfällt.

§ Möhren mit der Gemüsebürste unter fließendem kalten Wasser abbürsten, Kartoffeln schälen und beides fein raspeln.

§ Abgekühlten Lauch, Möhren und Kartoffeln in eine Schüssel geben. Öl und Hartweizenmehl unterrühren und kräftig abschmecken.

§ Petersilie waschen, fein hacken, unter die Masse heben und mit Paniermehl binden.

§ Mit angefeuchteten Händen aus dem Teig kleine Bratlinge formen und in einer Pfanne in erhitztem Olivenöl von beiden Seiten goldgelb braten.

GEMÜSE-KICHERERBSEN-EINTOPF

150 g	Kichererbsen
300 g	Tomaten
250 g	Zwiebeln, geschält
3	Knoblauchzehen, geschält
100 ml	Olivenöl
2 TL	Paprikapulver
	etwas Piment, gemahlen
1 Prise	Zimtpulver
	Steinsalz
	schwarzer oder weißer Pfeffer
150 g	Auberginen
1	Paprikaschote/Peperoni
je 100 g	Staudensellerie, Möhren und Zucchini
1½ l	Gemüsebrühe
je ½ Bd	Petersilie und Koriander, gehackt

§ Kichererbsen über Nacht in ausreichend Wasser einweichen. Am nächsten Tag in frischem Wasser ca. 90 Minuten weich kochen. Bei Bedarf Wasser während des Kochens nachgießen. Gegarte Kichererbsen durch ein Sieb abgießen.

§ Tomaten am Stielansatz mit einem Messer überkreuz einritzen, mit kochendem Wasser überbrühen und häuten. Tomaten halbieren, Strunk und Kerne entfernen.

§ Zwiebeln würfeln, Knoblauch fein hacken, in Öl anschwitzen, Gewürze zugeben und mitrösten.

§ Restliches Gemüse waschen und putzen. Zusammen mit den Tomaten klein schneiden und unter Rühren ca. vier Minuten im Topf mitbraten.

§ Brühe angießen und Gemüse in acht bis zehn Minuten gar kochen.

§ Kichererbsen hinzufügen, den Eintopf abschmecken und mit Kräutern bestreuen.

PIKANTER GEMÜSEKUCHEN

Teig

340 ml	Wasser
1	Frischhefewürfel (42 g)
1–1½ TL	Steinsalz
500 g	Weizen oder Dinkel

Belag

500 g	Tomaten
500 g	verschiedenfarbige Paprika-schoten/Peperoni
500 g	Zwiebeln
4	Knoblauchzehen
100 ml	Olivenöl
	Salz
	Pfeffer
½ Bd	Petersilie
½ Bd	Basilikum

Abbildung Seite 120/121.

§ Wasser mit Hefe verrühren, Salz mit dem frisch gemahlenen Mehl vermischen und alles zu einem glatten Teig verkneten. 30 Minuten abgedeckt gehen lassen.

§ Ein tiefes Backblech einölen, ausgerollten Teig gleichmäßig darauf verteilen und mit einer Gabel mehrmals einstechen.

§ Backofen auf 200 °C vorheizen.

§ Tomaten am Stielansatz mit einem Messer überkreuz einritzen, mit kochendem Wasser überbrühen und häuten. Tomaten vierteln oder achteln (je nach Größe) und den Strunk entfernen.

§ Paprika waschen, Stiele und Kerne entfernen. Zwiebeln und Knoblauch schälen. Paprika in Streifen schneiden, Zwiebeln fein würfeln und Knoblauch fein hacken.

§ Gemüse in einer Pfanne in 50 ml erhitztem Olivenöl anbraten. Mit Salz und Pfeffer würzen.

§ Gemüse auf dem vorbereiteten Teig verteilen, Kräuter hacken, darüber streuen und mit dem restlichen Olivenöl beträufeln.

§ Bei 200 °C auf der mittleren Schiene etwa 20–30 Minuten backen.

§ TIPP §

Der Hefeteig gelingt auch mit einem Päckchen Trockenhefe. Dann diese mit Mehl und Salz mischen, danach alle Zutaten miteinander verkneten und wie oben beschrieben verfahren.

GEMÜSELASAGNE

Gemüseragú

50 g	Weizen, frisch geflockt
¼ l	Gemüsebrühe
200 g	Suppengrün (Lauch, Knollenselle-rie, Karotten, Petersilienwurzel) oder nur Karotten und Stauden-sellerie
60 g	Zwiebeln
1	Knoblauchzehe (optional)
2 EL	Olivenöl
100 g	Tomatenmark (Hinweis Seite 56)
½ TL	Steinsalz
1 TL	Paprikapulver, edelsüß
	schwarzer Pfeffer
150 g	Tomaten

vegane Béchamelsauce

50 g	Cashewkerne
150 ml	Wasser
600 ml	Gemüsebrühe
50 g	Naturreis, sehr fein gemahlen
	Steinsalz
	weißer Pfeffer

200 g	Vollkornlasagneplatten (ohne Ei)
	Hefeflocken
	Öl

§ TIPPS §

Wenn Sie die Gemüsesauce pikanter möchten, würzen Sie das Ragú noch mit Chiliflocken.
Die vegane Béchamelsauce passt außerdem gut zu verschiedenen gedünsteten Gemüsesorten wie Kohlrabi, Brokkoli oder Blumenkohl.

§ Für die Gemüsesauce Weizenflocken in der halben Menge der warmen Gemüsebrühe quellen lassen. Suppengrün waschen und putzen, fein mixen oder durch den Gemüsewolf geben. Zwiebeln und Knoblauch schälen, fein schneiden und mit dem Gemüse in Olivenöl 10 Minuten dünsten.

§ Weizenflocken, Tomatenmark, restliche Gemüsebrühe und Gewürzen zum Gemüse geben und 10 Minuten leicht köcheln lassen.

§ Tomaten waschen, halbieren und Strunk entfernen. Tomatenhälften pürieren und in die Sauce rühren und den Topf vom Herd ziehen.

§ Für die Béchamelsauce eine Nussmilch herstellen: Cashews in Wasser 20 Minuten einweichen und darin pürieren. Gemüsebrühe mit der Nussmilch zum Kochen bringen. In etwas Flüssigkeit glatt gerührtes Reismehl einrühren und kurz aufkochen. Topf vom Herd ziehen und mit den Gewürzen abschmecken.

§ Backofen auf 180 °C vorheizen.

§ Eine ofenfeste Lasagne- oder Auflaufform mit Öl einfetten. Lasagneplatten, Béchamel- und Gemüsesauce abwechselnd in die Form schichten. Mit den Lasagneplatten beginnen, die oberste Schicht mit Béchamelsauce abschließen. Zuletzt Hefeflocken über die Lasagne verteilen und etwas Öl darüberträufeln.

§ Wenn die Lasagneteigplatten nicht vorgegart sind, die Lasagne bei 180–200 °C ca. eine Stunde auf der mittleren Schiene im Backofen zubereiten. Falls die Nudeln vorher in Salzwasser bissfest gegart wurden, dauert die Zubereitung im Backofen nur 30 Minuten.

GEMÜSEPAELLA

100 g	Cashewkerne
250 g	Vollkornreis
300 g	Zucchini
200 g	Möhren
1	grüne Paprikaschote/Peperoni
100 g	frische Erbsen oder TK-Ware
1	Zwiebel
2 EL	Olivenöl
600 ml	Wasser
	Salz
	Pfeffer
	Gemüsebrühpulver
	Kurkuma
4	Zitronenscheiben

§ Cashewkerne in einer Pfanne ohne Fett anrösten.

§ Reis und Gemüse waschen, Zwiebel schälen. Paprikaschote halbieren, Stiel und Kerne entfernen und die Hälften sowie das restliche Gemüse in Würfel schneiden.

§ Zwiebel im erhitzten Öl hell anbraten. Reis, Gemüse, Nüsse und Wasser zugeben und würzen. Etwa 40 Minuten zugedeckt auf kleiner Hitze köcheln lassen.

§ Vor dem Servieren nochmals abschmecken und mit Zitronenscheiben garnieren.

§ TIPPS §

Halbierte grüne Bohnen passen ebenfalls gut in die Paella.

Safran ist ein sehr exklusives Gewürz, das in Spanien unter anderem dazu dient, den Reis bei der echten Paella schön gelb zu färben. Denselben Effekt, jedoch nicht den Geschmack, bekommen Sie etwas preisgünstiger mit Kurkuma. Vor dem Servieren noch gehackte frische Blattpetersilie untermischen.

GEMÜSEPIZZA

Teig

180–200 ml	Wasser
1	Frischhefewürfel (42 g)
½–1 TL	Steinsalz
300 g	Dinkel oder eine Mischung aus Dinkel und Kamut

Belag

4–5 EL	Olivenöl
8 EL	Tomatenmark (Hinweis Seite 56)
	Gemüse nach Wahl, gewaschen und küchenfertig
	Oregano, gerebelt
	frische Basilikumblättchen
	Pfeffer
	Stein- und/oder Kräutersalz
	Paprikapulver (optional)
	Hefeflocken oder Sonnenblumen-aufstrich (siehe Seite 79, optional)

§ Wasser mit Hefe verrühren, Salz mit dem frisch gemahlenen Mehl vermischen und alles zu einem glatten Teig verkneten. Zugedeckt 30 Minuten gehen lassen.

§ Ein Backblech einölen und den Teig mit den Händen gleichmäßig darauf verteilen.

§ Backofen auf 250 °C vorheizen.

§ Öl mit Tomatenmark verrühren und den Teig damit bestreichen.

§ Gemüse klein schneiden, die Pizza damit belegen und kräftig würzen. Nach Geschmack noch Hefeflocken darüberstreuen. Oder den Sonnenblumenaufstrich herstellen, bei Bedarf mit wenig Wasser verdünnen und auf das Gemüse streichen. Hefeflocken können noch darübergestreut werden.

§ Im vorgeheizten Backofen auf der mittleren Schiene 15–20 Minuten backen.

§ TIPPS §

Der Originalpizza mit Käse kommen Sie am nächsten, wenn Sie ein oder zwei Rezepte veganen „Käse" oder eine der beiden anderen „Käse"-Kreationen (siehe Seite 78 und 82) einen Tag vorher oder gleich morgens zubereiten und die Pizza damit überbacken.

Der Pizzateig lässt sich auch mit einem Päckchen Trockenhefe herstellen. Diese mit Mehl und Salz mischen, dann mit den restlichen Zutaten verkneten.

Zum Würzen eignen sich auch entsprechende Pizzagewürzmischungen.

Ein besonderes Tomatenaroma bekommen Sie mit in feine Streifen geschnittenen, in Öl eingelegten getrockneten Tomaten.

GEMÜSESPIESSE PROVENÇAL

2	kleine Zucchini
2	grüne Paprikaschoten/Peperoni
1	rote Paprikaschote/Peperoni
1	gelbe Paprikaschote/Peperoni
	Cocktailtomaten
7–8	mittelgroße Champignons
	schwarze und grüne Oliven, entsteint
2 EL	Olivenöl
1 TL	Kräuter der Provence
	Steinsalz, schwarzer Pfeffer
	Holzspieße, einige Stunden gewässert

§ Gemüse waschen und von den Zucchini den Stielansatz abschneiden. Paprika halbieren, Stiele und Kerne entfernen, von den Tomaten den Strunk ausschneiden. Pilze mit einer weichen Gemüsebrühe trocken säubern.

§ Zucchini und Champignons in dicke Scheiben, Paprikahälften in mundgerechte Stücke schneiden.

§ Mit dem anderen Gemüse und den Oliven abwechselnd auf Spieße stecken. Mit Kräutern und Gewürzen verrührtes Olivenöl daraufstreichen.

§ Gemüsespieße unter Wenden 10–15 Minuten grillen.

Abbildung Seite 120/121.

HAFERBRATLINGE

200 g	Hafer
1 TL	Gemüsebrühpulver
80 g	Haselnüsse oder Mandeln
½–1	Zwiebel, geschält und gewürfelt
	Paprikapulver, edelsüß
	Oregano, gerebelt
	frische Basilikumblättchen
	Stein- oder Kräutersalz
	Vollkornpaniermehl
	Öl zum Braten.

§ Hafer knapp mit Wasser bedeckt über Nacht einweichen. Am nächsten Tag die Gemüsebrühe dazugeben und garen, bis die Flüssigkeit aufgesogen ist.

§ Haselnüsse bzw. Mandeln in der Nussmühle fein mahlen oder mit dem Schlagmesser der Küchenmaschine fein zerkleinern.

§ Gegarten Hafer, Zwiebel und Nussmehl in der Küchenmaschine aufmixen, mit den Gewürzen kräftig abschmecken.

§ Mit angefeuchteten Händen flache Bratlinge formen, in Paniermehl wenden und in heißem Öl goldbraun braten.

§ TIPPS §

1–2 fein geriebene Karotten und/oder 3–4 klein geschnittene Champignons in den pürierten Teig geben. Statt Oregano und Basilikum klein geschnittenen Liebstöckel (Maggikraut) unter die Bratlingmasse geben.

SÜSSER HIRSEAUFLAUF

1 T.	Hirse
3 T.	Wasser
	Zimtpulver
1 Prise	Salz
160 g	Datteln, entsteint
160 ml	Wasser
150 g	Cashewkerne
150 ml	Wasser
300 g	säuerliche Äpfel
½	Zitrone, Saft
2 EL	Mandeln, frisch gemahlen

§ Hirse in kochendes, mit wenig Zimt und Salz gewürztes Wasser einstreuen, 10 Minuten kochen und 20 Minuten ausquellen lassen.

§ Eine feuerfeste Auflaufform mit Öl ausfetten. Bei Bedarf mit etwas Vollkornpaniermehl ausstreuen.

§ Datteln 30 Minuten in Wasser einweichen und mit dem Einweichwasser pürieren.

§ Für den Nuss-Schmand Cashews 20 Minuten in Wasser einweichen und darin pürieren.

§ Nuss-Schmand und Dattelpüree verrühren, unter die abgekühlte Hirse ziehen.

§ Backofen auf 200 °C vorheizen.

§ Die Hälfte der Masse in die vorbereitete Form füllen.

§ Äpfel halbieren, Kernhaus entfernen und die Hälften raspeln, mit Zitronensaft mischen und auf der Hirsemasse verteilen. Restliche Hirse darübergeben und mit gemahlenen Mandeln bestreuen.

§ Den Auflauf im vorgeheizten Backofen etwa 30 Minuten backen.

§ TIPP §

Ein paar in Wasser eingeweichte Rosinen in die Hirsemischung geben. Dann bei Bedarf die Menge des Dattelpürees reduzieren.

HIRSEPUFFER

2 EL	Sonnenblumenkerne
7 EL	Wasser
1 T.	Hirse
je 1	Zwiebel, Möhre und Lauchstange
2 EL	Leinsamen
1 EL	Mandel- oder Cashewmus
2½ T.	Gemüsebrühe
	Salz
	weißer oder schwarzer Pfeffer
	Öl zum Braten und Fetten der Form

§ Sonnenblumenkerne 30 Minuten im Wasser einweichen. Mit dem Einweichwasser pürieren.

§ Hirse waschen. Zwiebel schälen und klein würfeln. Möhre mit der Gemüsebürste unter fließendem Wasser putzen. Von der Lauchstange welkes Grün und Wurzelansatz entfernen, Lauch halbieren und waschen. Möhre und Lauch sehr fein schneiden. Leinsamen im Mixer fein mahlen.

§ Zwiebel in etwas Öl anschwitzen, Gemüse und Hirse dazugeben. Mit Gemüsebrühe aufgießen und fünf Minuten kochen lassen. Leinsamen, Sonnenblumenkerne und Nussmus unterrühren.

§ Topf vom Herd ziehen und mit Salz und Pfeffer abschmecken.

§ Backofen auf 180 °C vorheizen.

§ Aus der abgekühlten Masse kleine Puffer formen und auf ein gefettetes Backblech legen. Im vorgeheizten Ofen 15–20 Minuten backen, bei Bedarf wenden.

§ TIPPS §

Dazu passt frischer Salat (ab Seite 31).
Für Bratlinge aus der Pfanne, die Puffer mit frisch geflocktem Hafer panieren.

BÉCHAMELKARTOFFELN

1,2 kg	Kartoffeln
1 TL	Kümmel

Sauce	
80 g	Cashewkerne
220–250 ml	Wasser
2	kleine Zwiebeln
50 ml	Sonnenblumenöl
¼ l	Wasser
50 g	Weizenvollkornmehl, frisch gemahlen
1 TL	Steinsalz
1 TL	Gemüsebrühpulver
1 Prise	Muskatnuss, frisch gerieben weißer Pfeffer
2 EL	frische Schnittlauchröllchen

§ Kartoffeln mit Kümmel in Wasser je nach Größe 20–30 Minuten kochen. Sobald sie gar sind, Wasser abgießen, Pellkartoffeln etwas abkühlen lassen, schälen und in nicht zu dünne Scheiben schneiden.

§ Für die Nussmilch Cashews in Wasser 20 Minuten einweichen und darin pürieren.

§ Zwiebeln schälen, klein schneiden und in Öl andünsten. Wasser und Mehl dazugeben und unter Rühren aufkochen lassen. Gewürze hinzufügen, Nussmilch unterrühren und nochmals abschmecken.

§ Backofen auf 250 °C vorheizen.

§ Kartoffelscheiben in eine gefettete und mit Vollkornsemmelbröseln bestreute, feuerfeste Auflaufform geben. Sauce darübergießen und vorsichtig unter die Kartoffelscheiben heben.

§ Im vorheizten Backofen auf der untersten Schiene 10–15 Minuten bis zur leichten Bräunung backen. Mit Schnittlauch bestreut servieren.

BLECHKARTOFFELN

7–8	große Kartoffeln, vorwiegend festkochend
	Erdnussöl
	Sesam
	Stein- oder Kräutersalz

§ Kartoffeln mit der Gemüsebürste unter fließendem Wasser sauber bürsten und längs halbieren.

§ Schnittflächen in Öl tauchen, anschließend in ein Gemisch aus Sesam und Salz drücken.

§ Kartoffeln mit der Schnittfläche auf ein Backblech setzen. Restliches Öl und Sesam-Salz-Gemisch auf die Oberseite der Kartoffeln verteilen.

§ Backofen auf 180 °C vorheizen und die Blechkartoffeln bei Heißluft 20–30 Minuten darin backen.

§ TIPPS §

Sonnenblumenkerne oder Leinsamen können statt Sesam ebenfalls verwendet werden. Dazu schmecken Saucen oder Dips aller Art (siehe Seite 53 ff. und 102 ff.) wie braune oder weiße Sauce (Seite 102 und 108) oder Sonnenblumendip (Seite 55) usw.

BUNTES KARTOFFELGEMÜSE

4	große Kartoffeln, vorwiegend festkochend
1 TL	Kümmel
1 Bd	Frühlingszwiebeln
1	rote Paprikaschote/Peperoni
3 EL	Olivenöl
1	Knoblauchzehe
¼ l	Gemüsebrühe
1 Msp	Paprikapulver, edelsüß
	Salz
	schwarzer Pfeffer
½ Bd	Schnittlauch

§ Kartoffeln in der Schale mit Kümmel kochen, bis sie fast gar sind. Pellkartoffeln schälen und in große Würfel schneiden.

§ Zwiebeln putzen und in Ringe schneiden. Paprika waschen, Stiel und Kerne entfernen, würfeln und mit den Zwiebeln in einer großen Pfanne mit Olivenöl hell anschwitzen.

§ Knoblauchzehe abziehen, fein hacken und zum Gemüse geben.

§ Kartoffeln hinzufügen, vorsichtig untermischen, Gemüsebrühe angießen und mit Paprikapulver, Salz und Pfeffer würzen.

§ Bei geschlossenem Deckel 15 Minuten bei niedriger Hitze ziehen lassen.

§ Schnittlauch in feine Röllchen schneiden und kurz vor dem Servieren über das Gemüse streuen.

GEFÜLLTE BACKOFENKARTOFFELN

8	große Kartoffeln, mehlig kochend
2 TL	Kümmel
1	große Zwiebel
4 EL	Olivenöl
ca. ½ l	Gemüsebrühe
	Salz, Pfeffer
	Majoran, gerebelt
	Muskatnuss, frisch gerieben
2 EL	frische Petersilie, fein gehackt

§ TIPPS §

Kartoffeln werden im Schnellkochtopf schneller gar. Das spart Zeit und Energie.

Aus den abgekühlten geschälten Kartoffeldeckeln ein Kartoffeldressing (Seite 48) herstellen.

§ Kartoffeln mit der Gemüsebürste unter fließendem Wasser waschen. Mit Kümmel in Wasser 30–35 Minuten gar kochen, Wasser abgießen und Kartoffeln abkühlen lassen.

§ Das obere Drittel jeder Kartoffel abschneiden. Knollen mit einem Löffel bis auf 1–2 cm Wandstärke aushöhlen, das Innere durch eine Kartoffelpresse geben.

§ Zwiebel schälen, klein würfeln, in 2 EL Olivenöl anschwitzen, zur Kartoffelmasse geben.

§ Mit Gemüsebrühe auffüllen, Gewürze und Kräuter hinzufügen und verrühren.

§ Kartoffelmasse in die ausgehöhlten Kartoffeln füllen und in eine ofenfeste Form setzen. Mit dem restlichen Öl beträufeln und 10–15 Minuten bei 200 °C im Backofen überbacken.

KARTOFFELGRATIN

1 kg	Kartoffeln
	Kräutersalz
	Pfeffer
	Béchamelsauce (Menge und Zubereitung siehe Seite 108)
	Vollkornsemmelbrösel
	Sonnenblumenöl

§ Backofen auf 200 °C vorheizen.

§ Kartoffeln mit der Gemüsebürste unter fließendem Wasser waschen und fein hobeln.

§ Eine feuerfeste Auflaufform mit Öl auspinseln und Kartoffelnscheiben hineinschichten. Dabei jede Lage leicht salzen und pfeffern.

§ Zum Schluss mit der Béchamelsauce übergießen. Semmelbrösel darüberstreuen und etwas Öl darüberträufeln.

§ Im vorgeheizten Backofen bei Ober-Unter-Hitze 70–80 Minuten überbacken (oder mit Heißluft bei 180 °C).

§ TIPP §

Die Kartoffeln können für das Gratin auch geschält sein.

KARTOFFELGULASCH

4	Zwiebeln
1–2 TL	Kümmel oder Kreuzkümmel
3 EL	Erdnuss- oder natives Kokosöl
10	große Kartoffeln, festkochend
300 g	rote Gemüsepaprika/Peperoni
2 TL	Paprikapulver, edelsüß
½ TL	Rosenpaprika
½ l	Gemüsebrühe
	Kräuter- und Steinsalz
	Majoran, gerebelt (optional)

§ Zwiebeln schälen, klein schneiden und mit Kümmel oder Kreuzkümmel in Öl anbraten.

§ Kartoffeln schälen und klein würfeln. Paprika von Stiel und Kernen befreien und in Würfel schneiden. Kartoffel- und Paprikawürfel mit den Zwiebeln kurz mitbraten. Mit Paprikapulver bestäuben, gut verrühren und mit der Brühe ablöschen.

§ Ca. 20 Minuten bei geringer Hitze köcheln lassen. Bei Bedarf Flüssigkeit nachgießen.

§ Mit Salz und Majoran abschmecken.

§ TIPP §

Das Gulasch schmeckt auch ohne Paprika-schoten/Peperoni.

KARTOFFELN ITALIENISCHE ART

für 2 Personen

500 g	Kartoffeln
1	Knoblauchzehe
	Salz
	Majoran, gerebelt
¼ l	Tomatensaft (Hinweis Seite 113)
100 g	Cashewkerne
	Salz, Pfeffer
	frische Basilikum- und Majoran-blättchen
	frische Rosmarinnnadeln
1 EL	Hefeflocken
	Öl

§ Kartoffeln schälen, in dünne Scheiben schneiden und in eine mit Öl gefettete feuerfeste Auflaufform (mit Deckel) schichten.

§ Knoblauchzehe abziehen, durchpressen und mit etwas Salz und Majoran unter die Kartoffeln mischen.

§ Tomatensaft, Cashewkerne, Gewürze und Kräuter in einem Mixer cremig mixen. Die Masse über die Kartoffeln geben, mit Hefeflocken bestreuen und etwas Öl darüberträufeln.

§ Deckel auflegen und im Backofen bei 200 °C ca. eine Stunde garen.

§ TIPPS §

Neue Kartoffeln können mit Schale verwendet werden. Dann vor der Verarbeitung mit einer Gemüsebürste unter fließendem Wasser waschen. Wenn Sie keine Auflaufform mit Deckel haben, einfach die Kartoffeln mit Backpapier abdecken.

KARTOFFELPUFFER

1 kg	Kartoffeln
1–2	Lauchstangen, das Weiße
120 g	Weizen oder Einkorn
1–2 TL	Gemüsebrühpulver
1–2 TL	Steinsalz
	Öl zum Ausbacken

§ Neue Kartoffeln mit der Gemüsebürste unter fließendem Wasser sauber bürsten und mit der Schale fein reiben. Ältere Kartoffeln bei Bedarf schälen, waschen und dann fein reiben.

§ Lauch halbieren, waschen, das Weiße fein würfeln und zu den Kartoffeln geben. Getreide mittelgrob schroten.

§ Gemüsebrühe, Salz und Getreide gut in die Kartoffel-Zwiebel-Masse einrühren.

§ Öl in einer Pfanne erhitzen. Je einen gehäuften Esslöffel von der Kartoffelmasse hineingeben und zu einem dünnen Fladen drücken. Von einer Seite knusprig ausbacken, dann den Puffer wenden; bei Bedarf nochmals wenden.

§ Die fertigen Kartoffelpuffer im vorgeheizten Backofen bei 100 °C warm halten.

§ TIPPS §

Dazu passen frische Salate (ab Seite 31), rohes oder gekochtes Apfelmus (Seite 163).
Für *Kartoffel-Gemüse-Puffer* z. B. Möhren, Zucchini, Zwiebeln usw. hineinraspeln.

KARTOFFELSCHNITZEL

1 kg	Kartoffeln, mehligkochend
	Kümmel
100 g	Weizen, Dinkel oder Einkorn
2	kleine Zwiebeln, geschält
1	Knoblauchzehe, geschält
½ Bd	Petersilie
2 EL	Öl
2 EL	Hartweizen, frisch gemahlen
	Kräutersalz
	Pfeffer
	Muskatnuss, frisch gerieben
	Vollkornsemmelbrösel

§ Kartoffeln in mit wenig Kümmel gewürztem Wasser gar kochen, abgießen, leicht abkühlen lassen, schälen und durch die Kartoffelpresse drücken.

§ Getreide mittelgrob schroten, Zwiebeln, Knoblauch und Petersilie fein schneiden, Öl und Hartweizenmehl dazugeben und die Zutaten gut miteinander verkneten.

§ Mit Salz, Pfeffer und Muskat kräftig abschmecken.

§ Aus dem Teig kleine Schnitzel oder Frikadellen formen, in Semmelbröseln wenden und in Öl goldbraun braten.

§ TIPP §

Auch ohne Zwiebeln und/oder Knoblauch schmecken die Kartoffelschnitzel gut.

ÜBERBACKENE KARTOFFELN

für 2 Personen

800 g	Kartoffeln, festkochend
2	Zwiebeln
2 EL	Öl
	Vollkornsemmelbrösel (optional)
	Kräutersalz
	Pfeffer
60 g	Cashewkerne
200 ml	Wasser
1 TL	Gemüsebrühpulver
1 TL	Steinsalz
	Kümmel, gemahlen

§ Kartoffeln und Zwiebeln schälen, in Scheiben schneiden.

§ Eine feuerfeste Auflaufform mit Öl auspinseln, bei Bedarf mit wenig Semmelbröseln ausstreuen.

§ Backofen auf 200 °C vorheizen.

§ Kartoffel- und Zwiebelscheiben in zwei Lagen in die Form schichten, jede Lage leicht salzen und pfeffern.

§ Nüsse mahlen, Wasser und Gewürze dazugeben, cremig mixen und über die Kartoffeln gießen.

§ Im vorgeheizten Backofen die Kartoffeln ca. 50 Minuten überbacken (oder mit Heißluft bei 180 °C).

KICHERERBSEN MIT GEMÜSE

300 g	Kichererbsen
800 ml	Wasser zum Garen
1	Zwiebel
1	Knoblauchzehe
200 g	Möhren
200 g	Blumenkohl
200 g	Brokkoli
2 EL	Olivenöl
	Currypulver
200 ml	Gemüsebrühe
	Salz
	Pfeffer
	Korianderpulver

§ Kichererbsen waschen, verlesen und in ausreichend Wasser zehn Stunden oder über Nacht einweichen. Einweichwasser abgießen, Kichererbsen mit frischem Wasser aufsetzen, aufkochen und bei geringer Hitzezufuhr eine Stunde garen.

§ Zwiebel schälen und würfeln, Knoblauch abziehen und durchpressen.

§ Gemüse waschen und putzen. Möhren in Scheiben schneiden, Röschen von Blumenkohl und Brokkoli abteilen, Strunk bei Bedarf schälen und ebenfalls in Scheiben schneiden.

§ In einer großen Pfanne Olivenöl erhitzen. Zwiebel darin hell anschwitzen, Knoblauch und Gemüse zugeben und einige Minuten mitgaren.

§ Mit Currypulver bestreuen, mit der Gemüsebrühe auffüllen und zehn Minuten garen.

§ Kichererbsen zugeben, mit Salz, Pfeffer und Koriander abschmecken und den Eintopf gut verrühren.

LINSENFRIKADELLEN

200 g	braune Linsen
1	große Zwiebel, geschält
2 TL	Kräutersalz
2–3 EL	frische Kräuter nach Angebot und Geschmack, gehackt
1–2 TL	zuckerfreier Senf
	Majoran, gerebelt
	Vollkornpaniermehl
	Öl zum Braten

§ Linsen in ausreichend Wasser über Nacht quellen lassen.

§ Abgetropfte Linsen mit grob gehackter Zwiebel, Salz und Petersilie in der Küchenmaschine pürieren.

§ Mit Senf und Majoran abschmecken, mit Paniermehl binden, damit die Masse nicht auseinanderfällt.

§ Mit angefeuchteten Händen aus der Masse kleine Frikadellen formen, in Vollkornpaniermehl wälzen und in heißem Öl von beiden Seiten knusprig braten.

§ TIPP §

Lauch, Möhren und/oder Pilze zu den Linsen geben und mitpürieren.

BUNTES LINSENGEMÜSE

1	Zwiebel, geschält
3 EL	Olivenöl
1	Tomate
1	Lauchstange
1	Knoblauchzehe, geschält
	Salz
	Pfeffer
½–1 TL	Korianderpulver
½ l	Gemüsebrühe
200 g	Linsen, gegart
2 EL	Getreide, fein gemahlen

§ Zwiebel würfeln, in heißem Olivenöl anschwitzen.

§ Tomate waschen, halbieren, Strunk entfernen und die Hälften würfeln. Vom Lauch welkes Grün und Wurzelansatz wegschneiden, Stange halbieren und waschen. Lauch in feine Scheiben schneiden, Knoblauch durchpressen.

§ Knoblauch mit allem Gemüse zur Zwiebel geben und kurz mitschmoren lassen. Mit den Gewürzen abschmecken.

§ Gemüsebrühe zugießen und 10–15 Minuten garen, zum Schluss die Linsen hinzufügen. Fein gemahlenes Getreide mit etwas Wasser anrühren, zum Linsengemüse geben und wenige Minuten köcheln, dann etwas nachquellen lassen.

LINSENLASAGNE

200 g	braune Linsen
3	Zwiebeln, geschält und gewürfelt
2	Knoblauchzehen, geschält und durchgepresst
3 EL	Olivenöl
700 g	passierte Tomaten
	Steinsalz
	Pfeffer
	frische Rosmarinnadeln
	frische Basilikumblättchen
	Oregano oder Majoran, gerebelt
1 EL	Gemüsebrühpulver
80–100 g	Naturreis
5–7 EL	Wasser
2 TL	Cashewmus
1 EL	frische Petersilie, gehackt
1 P.	Vollkornlasagneplatten (ohne Ei)
1 EL	Hefeflocken

Abbildung nebenstehend.

§ Linsen waschen und verlesen. Mit der doppelten Wassermenge aufkochen, dann bei kleiner Hitzezufuhr 15–20 Minuten garen.

§ Zwiebelwürfel und Knoblauch in Olivenöl anschwitzen, passierte Tomaten dazugeben und mit Gewürzen und Kräutern abschmecken.

§ Reis fein mahlen, mit Wasser anrühren, zur Sauce geben und etwas köcheln lassen.

§ Cashewmus unter die Sauce rühren, Linsen und Petersilie dazugeben.

§ Nacheinander Lasagneblätter und Tomaten-Linsen-Sauce in eine gefettete feuerfeste Auflauf- oder Lasagneform schichten. Mit Hefeflocken bestreuen.

§ Wenn die Lasagneteigplatten nicht vorgegart sind, die Lasagne bei 180–200 °C ca. eine Stunde auf der zweiten Schiene von unten im Backofen zubereiten. Falls die Nudeln vorher in Salzwasser bissfest gegart wurden, so dauert die Zubereitung im Backofen nur 30–40 Minuten.

§ TIPPS §

Teig für Nudeln oder Lasagneblätter lässt sich auch gut selbst herstellen. Dazu 180 g Dinkel oder Weizen mit 120 g Kamut oder Hartweizen und 2 EL Kichererbsen zusammen in der Getreidemühle mahlen. Das Mehl mit 150 ml Wasser und 4 EL nativem Olivenöl etwa zehn Minuten mit den Händen zu einem glatten Teig verkneten. In einer Schüssel mit einem Baumwolltuch abdecken und eine halbe Stunde ruhen lassen. Den Teig portionsweise auf einer bemehlten Arbeitsfläche mit einem Nudelholz etwa millimeterdünn ausrollen und wie im Rezept beschrieben weiter verwenden. Die Zubereitungszeit entspricht der von gegarten Lasagneblättern.

Die beschriebene Linsenlasagne lässt sich beliebig mit Gemüse erweitern, z. B. winterlich mit in Scheiben gehobeltem Wurzelgemüse (Pastinaken, Möhren, Petersilienwurzel etc.) oder sommerlich mit Zucchini- und Auberginenwürfeln, ergänzt mit klein gehacktem Staudensellerie und Kapern. Auch 1–2 Stangen in Scheiben geschnittener Lauch und 500 g halbierte oder geviertelte Champignons passen gut dazu. Gemischte Algenflocken (im Bioladen) zum Würzen verwenden. Dann das Salz reduzieren und die Hefeflocken weglassen.

NUDELN ASIATISCHE ART

250 g	Vollkornnudeln (ohne Ei)
300 g	Blumenkohl oder Brokkoli
3	Möhren
1	große rote Zwiebel
1	große weiße Zwiebel
1	Knoblauchzehe
20–30 g	frischer Ingwer
3 EL	Olivenöl
½ TL	Korianderpulver
	Gemüsebrühpulver
	Kräutersalz
	Pfeffer

Abbildung nebenstehend.

§ Nudeln nach Packungsaufschrift kochen.

§ Blumenkohl oder Brokkoli in Röschen teilen und waschen. Den Strunk bei Bedarf schälen und klein würfeln. Beides in wenig Wasser mit etwas Gemüsebrühe dünsten.

§ Möhren mit der Gemüsebürste unter fließendem Wasser waschen, in feine Streifen schneiden. Zwiebeln schälen, halbieren und in feine Streifen schneiden. Knoblauchzehe schälen und durch die Knoblauchpresse drücken. Ingwer schälen und fein reiben.

§ Öl erhitzen, Knoblauch und Zwiebeln hell anbraten, Möhren, Ingwer und etwas Wasser dazugeben und fünf Minuten garen.

§ Nudeln und Blumenkohl oder Brokkoli untermengen, mit den Gewürzen abschmecken und noch einige Minuten bei geringer Hitzezufuhr ziehen lassen.

§ TIPP §

Eine gute Resteverwertung für übrig gebliebene gekochte Vollkornnudeln ist eine einfache *Nudelpfanne*: Dazu die Nudeln in Öl anbraten, mit etwas Kräutersalz würzen, mit einem Schuss Nuss- oder Musmilch (siehe Seite 127) ablöschen und ein paar Scheiben festen „Käse" (siehe Seite 82) darübergeben. Auch andere „Käse"-Kreationen" (Seite 78 und 83) sind dafür geeignet. Einen Deckel auflegen und einige Minuten in der Pfanne überbacken.

„KÄSE"-NUDELN

für 2–3 Personen

250 g	Vollkornnudeln (ohne Ei), z. B. Spirelli

„Käse"

120 g	Cashewkerne
200 ml	Wasser
½	Zitrone, Saft
3 EL	Sonnenblumenkerne
3 EL	Hefeflocken
1½–2 TL	Steinsalz
½	gelbe Paprikaschote, ohne Kerne und klein geschnitten
1	Möhre, geputzt und klein geschnitten
1	Tomate, geviertelt und Strunk entfernt
2 EL	Öl
	Vollkornsemmelbrösel

§ Backofen auf 175 °C vorheizen.

§ Nudeln nach Packungsaufschrift kochen.

§ Käsezutaten mixen und zu den Nudeln geben.

§ Eine feuerfeste Auflaufform mit Öl auspinseln und mit wenig Semmelbröseln ausstreuen.

§ Nudelmasse in die Form geben und auf der zweiten Schiene von unten 30 Minuten im vorgeheizten Ofen überbacken. Bevor die Nudeln zu dunkel werden, einen Deckel auflegen oder mit Backpapier bedecken.

NUDELN MIT PESTO

500 g	Vollkornspaghetti (ohne Ei)
2	Knoblauchzehen, geschält
2 Bd	Basilikum, Blättchen
120 g	Pinienkerne
1 T.	Olivenöl
½–1 Zitrone, Saft	
	Kräutersalz
	Pfeffer

§ Spaghetti nach Packungsvorschrift zubereiten.

§ Knoblauch, Basilikum und Pinienkerne im Mixer leicht pürieren. Olivenöl, Zitronensaft und Gewürze dazugeben und abschmecken.

§ Gekochte Nudeln auf Teller verteilen, Pesto darübergeben.

NUDELPFANNE MIT AUBERGINEN

2	Auberginen
	Öl zum Braten
½ Bd	Basilikum
2	Thymianzweige
1	Knoblauchzehe
4 EL	Kapern
500 g	kurze Vollkornmakkaroni (ohne Ei)
200 g	Tomaten
	Steinsalz
	schwarzer Pfeffer

§ Auberginen waschen, putzen und längs zunächst in zentimeterdicke Scheiben, dann in Würfel schneiden. Auberginenwürfel salzen und auf Küchenpapier ca. 20 Minuten Wasser ziehen lassen. Danach mit Küchenpapier trockentupfen.

§ Öl in einer Pfanne erhitzen und die Auberginenwürfel darin portionsweise hellbraun braten, herausnehmen und warm stellen.

§ Kräuter waschen, trocken schütteln und bis auf ein paar Zweige zum Garnieren mit den Kapern fein hacken.

§ Knoblauchzehe schälen und fein hacken, durchpressen oder mit der Gabel zerdrücken.

§ Nudeln in kochendem Salzwasser bissfest garen. In der Zwischenzeit Tomaten halbieren, Strunk entfernen und die Hälften grob hacken. Mit Knoblauch in der Pfanne erhitzen.

§ Basilikum, Thymian und Kapern unterrühren, mit Salz und Pfeffer abschmecken und die Sauce 4–5 Minuten köcheln lassen.

§ Nudeln abgießen, in eine vorgewärmte Schüssel geben und mit den Auberginenwürfeln mischen. Sauce unterheben, mit den beiseitegelegten Kräutern garnieren, sofort servieren.

NUDEL-ZUCCHINI-PFANNE

250 g	Vollkornnudeln (ohne Ei)
2	Zwiebeln
400 g	Zucchini
200 g	Suppengemüse
3 EL	Olivenöl
½ l	Gemüsebrühe
	Salz
	Pfeffer
	Muskatnuss, frisch gerieben

§ Nudeln nach Packungsvorschrift kochen, abgießen und mit kaltem Wasser abschrecken.

§ Zwiebeln schälen und würfeln. Gemüse waschen und putzen, in Würfel schneiden.

§ Zwiebelwürfel in heißem Olivenöl anschwitzen, restliches Gemüse kurz mitschmoren.

§ Nach und nach Gemüsebrühe zugießen und einkochen lassen.

§ Zum Schluss Nudeln untermischen und mit den Gewürzen abschmecken.

NUSSWAFFELN

200 g	Datteln, entsteint
200 ml	Wasser
125 g	Erdnuss- oder anderes Nussmus
200 g	Weizen
3 EL	Leinsamen
1 Pck	Weinsteinbackpulver
200 g	Haselnüsse, gemahlen
300–350 ml	Mineralwasser

§ Datteln 30 Minuten in Wasser einweichen, mit dem Einweichwasser pürieren und mit dem Nussmus aufschlagen.

§ Weizen mit Leinsamen mischen, beides in der Getreidemühle fein mahlen.

§ Backpulver und Haselnüsse unter das Mehl mischen, Mineralwasser zugießen und alle Zutaten gut miteinander verrühren.

§ Nusswaffeln in einem heißen eingeölten oder beschichteten Waffeleisen ausbacken.

§ TIPPS §

Statt Leinsamen 2 EL Johannisbrotkernmehl unter das Mehl mischen.

Ein Genuss sind die heißen Nusswaffeln mit Nuss-„Schlagsahne" (Seite 169) „Schlagsahne" (Seite 172) Apfelmus (Seite 163) oder Pflaumencreme (Seite 170).

Apfelmuffins: Zwei Äpfel halbieren, Kernhaus entfernen, Hälften raspeln und unter den Teig heben. In Muffinförmchen 15–20 Minuten bei 200 °C im Backofen backen.

PFANNKUCHEN

100 g	Datteln, entsteint
100 ml	Wasser
50 g	Cashewkerne
50 ml	Wasser
80 g	Sonnenblumenöl
300 g	Weizen, Dinkel, Kamut oder Einkorn (oder gemischt)
½ Pck	Weinsteinbackpulver
1 Msp	Vanillepulver und/oder etwas Zimt
400 ml	Wasser
	Öl zum Braten

§ Datteln 30 Minuten in Wasser einweichen und mit dem Einweichwasser pürieren.

§ Für den Nuss-Schmand Cashews in Wasser ca. 20 Minuten einweichen, dann darin pürieren.

§ Öl mit Nuss-Schmand und Dattelpüree cremig rühren.

§ Getreide frisch mahlen, mit Backpulver und Gewürzen mischen. Zusammen mit Wasser zu den restlichen Zutaten geben und zu einem glatten Teig rühren.

§ In einer Pfanne in erhitztem Öl nacheinander dünne Pfannkuchen ausbacken.

§ TIPPS §

Statt Sonnenblumenöl zimmerwarmes Kokosöl (cremig gerührt oder im Wasserbad verflüssigt) verwenden und leckere Waffeln daraus backen: Dazu immer 2 EL Teig auf das gefettete oder beschichtete Waffeleisen geben und bei mittlerer Temperatur knusprig backen. Mit Sonnenblumenöl würde der Teig am Waffeleisen kleben bleiben.

PFANNKUCHEN MIT ÄPFELN

80 g	Datteln, entsteint
80 ml	Wasser
200 g	Dinkel oder Weizen
50 g	Buchweizen
2	große Äpfel
500 ml	Mineralwasser
1 Prise	Steinsalz
	Vanille- oder Zimtpulver
	Öl zum Ausbacken

§ Datteln 30 Minuten in Wasser einweichen und mit dem Einweichwasser pürieren.

§ Getreide fein mahlen. Äpfel halbieren, Kerngehäuse entfernen und die Hälften mit Schale grob raspeln.

§ Alle Zutaten verrühren und etwa 30 Minuten quellen lassen.

§ In erhitztem Öl nacheinander kleine Pfannkuchen ausbacken.

§ TIPPS §

Auch ohne Äpfel schmecken diese Pfannkuchen gut. Probieren Sie die Fruchtsauce von Seite 109 dazu.

Da manche den Buchweizengeschmack nicht mögen, lässt sich das Rezept auch nur mit 250 g Dinkel oder Weizen zubereiten.

Statt mit Datteln lassen sich die Pfannkuchen auch mit reifen Bananen süßen.

PFANNKÜCHLEIN

200 g	getrocknete Aprikosen
¼ l	Mineralwasser
200 g	Dinkel
1 TL	weißes Mandelmus
	Sonnenblumenöl zum Ausbacken

§ Aprikosen eine Stunde in Mineralwasser einweichen.

§ Dinkel fein mahlen. Aprikosen mit dem Wasser pürieren und Mandelmus zugeben.

§ Alle Zutaten gut miteinander verrühren.

§ In heißem Öl nacheinander kleine Pfannkuchen ausbacken.

PILZGERICHT UNGARISCHE ART

für 2–3 Personen

100 g	Steinpilze, getrocknet
375 g	Gemüsebrühe
20 g	Cashewkerne
50 ml	Wasser
200 g	Vollkornnudeln (ohne Ei), z. B. Spirelli
2	kleine Zwiebeln
1 EL	Olivenöl
1	rote Paprikaschote/Peperoni
200 g	frische Champignons
	Steinsalz
	Pfeffer
2 TL	Paprikapulver, edelsüß
½ TL	Rosenpaprika
1 EL	Naturreis, gemahlen
1 EL	Tomatenmark (Hinweis Seite 56)
1 EL	natürlicher Apfelessig

§ Getrocknete Pilze in heißer Gemüsebrühe zehn Minuten ziehen lassen. Pilze herausnehmen, abspülen, grob hacken und beiseitestellen. Brühe durch ein feines Sieb abseihen und gehackte Pilze darin warm halten.

§ Cashews in Wasser 20 Minuten ziehenlassen und darin pürieren.

§ Nudeln in reichlich Salzwasser al dente kochen.

§ In der Zwischenzeit Zwiebeln schälen und würfeln, in Olivenöl hell anschwitzen.

§ Paprika halbieren, Stiel und Kerne entfernen, Hälften würfeln und zu den Zwiebeln geben. Zwei Minuten weiterdünsten.

§ Pilze mit der weichen Seite der Gemüsebürste sauber bürsten, klein schneiden, zugeben und fünf Minuten mitdünsten.

§ Salz, Pfeffer, Paprikapulver und mit wenig Wasser angerührtes Naturreismehl dazugeben.

§ Tomatenmark und die Pilz-Gemüse-Brühe langsam unterrühren, aufkochen und noch etwa fünf Minuten köcheln lassen.

§ Cashewcreme und Essig hinzufügen, nochmals kurz aufkochen und über die Nudeln geben.

§ TIPPS §

Getrocknete Steinpilze haben ein intensives Pilzaroma, das dieses Gericht verfeinert. Als Ersatz können getrocknete Herbst-/Totentrompeten oder Spitzmorcheln verwendet werden.

Mit Sojasauce und getrockneten Shiitake sowie mit frischer Chilischote/Peperoncino und Korianderpulver (statt Paprikapulver) bekommt das Gericht eine asiatische Note. Dann mit dem Salz sparsamer würzen.

ROTKOHLROULADEN MIT REIS-MANDEL-FÜLLUNG

1	Rotkrautkopf/Rotkabis
100 g	Vollkornreis
ca. 250 ml	Wasser
100 g	Mandeln
200 g	Weintrauben
	Salz
	Pfeffer
	Currypulver
	Zimtpulver
3 EL	Olivenöl
2	große Zwiebeln, geschält
ca. ½ l	Gemüsebrühe

Sauce

½ l	Gemüsebrühe
3 EL	Dinkel
	Salz
	Pfeffer
	Currypulver
	Rosmarin
1 TL	Datteln, entsteint
1 TL	natürlicher Apfelessig

Abbildung nebenstehend.

§ TIPP §

Eine passende Beilage sind kleine Pellkartoffeln mit frisch gehackten Kräutern.

§ Rotkraut in einen großen Topf mit kochendem Wasser legen und etwa 10 Minuten köcheln lassen, herausnehmen, abkühlen lassen und die äußeren Blätter vorsichtig für die Rouladen abnehmen. Den Strunk und die harten Blattrippen entfernen. 200 g zarte Blätter für die Füllung klein schneiden.

§ Reis in Wasser aufkochen, bei geringer Hitzezufuhr ca. 40 Minuten garen, danach noch 20 Minuten quellen lassen.

§ Mandeln mit kochendem Wasser überbrühen, nach zehn Minuten die Haut abziehen und die Mandeln grob hacken.

§ Weintrauben waschen, vierteln und bei Bedarf die Kerne entfernen.

§ Reis, Mandeln, Weintrauben und geschnittenes Rotkraut vermengen, Füllung mit den Gewürzen abschmecken.

§ Zwei Kohlblätter aufeinanderlegen, mit der Farce füllen und die Kohlblätter seitlich einschlagen und die Roulade aufrollen. Zum Schluss mit Küchengarn umwickeln.

§ Olivenöl erhitzen und die Rouladen von allen Seiten anbraten. Zwiebeln würfeln und kurz mitschmoren lassen. Nach und nach Gemüsebrühe zugießen. Die gegarten Rouladen herausnehmen.

§ Datteln 30 Minuten in etwas Wasser einweichen und mit dem Einweichwasser pürieren.

§ Für die Sauce den Bratfond mit der Gemüsebrühe auffüllen und aufkochen.

§ Dinkel fein mahlen, mit etwas Wasser anrühren und in die kochende Flüssigkeit einrühren, ein bis zwei Minuten köcheln lassen. Mit Gewürzen, Dattelpüree und Apfelessig abschmecken.

ÜBERBACKENE SELLERIEMEDAILLONS

je 1	Zwiebel, Knoblauchzehe, geschält
je ½	rote und grüne Paprikaschote
4 EL	Olivenöl
200 g	Naturreis
2 EL	Tomatenmark (Hinweis Seite 56)
500 ml	Wasser
2 EL	frische Petersilie, gehackt
	Steinsalz
1	Sellerieknolle (ca. 700 g)
3	Tomaten
	Kräutersalz
	Hefeflocken (optional)
	Pfeffer, frische Kräuter (optional)

§ Zwiebel und Knoblauchzehe fein hacken. Paprikahälften waschen, Kerne und Stile entfernen und die Hälften fein würfeln.

§ Drei Esslöffel des Olivenöls in einem Topf erhitzen. Zwiebel, Knoblauch, Paprika und Naturreis hinzufügen, glasig anschwitzen. Tomatenmark dazugeben, Wasser angießen, aufkochen und ca. 35 Minuten bei reduzierter Hitzezufuhr köcheln lassen.

§ Petersilie unter den gegarten Reis geben, mit Salz würzen.

§ Sellerie schälen, in mindestens vier dicke Scheiben schneiden und in kochendem Salzwasser ca. 15 Minuten garen.

§ Backofen auf 200 °C vorheizen.

§ Tomaten waschen, Stielansatz entfernen, in Scheiben schneiden.

§ Gegarte, abgetropfte Selleriescheiben auf ein mit dem restlichen Öl gefettetes Blech legen und mit Kräutersalz bestreuen. Reismischung auf dem Sellerie verteilen, mit Tomatenscheiben belegen und mit Hefeflocken bestreuen.

§ Selleriemedaillons im vorgeheizten Backofen ca. zehn Minuten überbacken.

§ Mit Pfeffer bestreuen und nach Geschmack mit frischen Kräutern garnieren.

SPINATCANNELLONI

8–10	Vollkornlasagneplatten (ohne Ei)
2 EL	Öl
1	Zwiebel, geschält
1 P.	Blattspinat, TK-Ware, angetaut
1 EL	Gemüsebrühpulver
	Kräutersalz, Pfeffer
	Muskatnuss, frisch gerieben
	Hefeflocken
1 EL	Sonnenblumenkerne

§ Lasagneblätter in reichlich Salzwasser fünf Minuten köcheln. Wasser abgießen und Teigplatten über ein Sieb zum Abtropfen legen.

§ Öl in einer Pfanne erhitzen. Zwiebel würfeln und darin anschwitzen.

§ Blattspinat dazugeben, zwei bis drei Minuten köcheln lassen und mit den Gewürzen abschmecken.

§ Lasagneblätter auf ein großes Brett legen. Die Spinatmasse daraufgeben und glatt streichen. Cannelloni eng aufrollen und in eine feuerfeste Auflaufform mit Deckel legen. Etwas Wasser angießen.

§ Übrigen Spinat auf die Cannelloni geben, etwas Öl darüberträufeln und mit Hefeflocken und Sonnenblumenkernen abschließen.

§ Die Form abdecken, entweder mit einem Deckel oder etwas Backpapier.

§ Bei Umluft im Backofen 20–25 Minuten bei 180 °C und geschlossenem Deckel garen.

§ TIPP §

Wenn die Auflaufform keinen Deckel hat, einfach die Cannelloni mit Backpapier abdecken.

SPINAT-KARTOFFEL-GRATIN

600 g	Blattspinat
500 g	Kartoffeln, festkochend
1–2	Knoblauchzehen (optional)
1 TL	Kümmel
2	Zwiebeln
1–2 EL	Öl
	Salz
	Pfeffer
	Muskatnuss, frisch gerieben
4 EL	Olivenöl
	Salz
	Pfeffer
2 EL	Vollkornbrösel
2 EL	Sonnenblumenkerne
	etwas Öl

§ TIPP §

Bei Umluft reichen 200 °C für die Garzeit aus.

§ Spinat gründlich waschen und in kochendem Salzwasser ein bis zwei Minuten blanchieren. Spinatblätter gut ausdrücken.

§ Kartoffeln mit etwas Kümmel in Wasser kochen, Schale abziehen und die Kartoffeln in Scheiben schneiden.

§ Knoblauch schälen und durchpressen. Zwiebeln schälen, würfeln und in Öl hell anschwitzen. Spinat dazugeben und zusammenfallen lassen. Mit Salz, Pfeffer, Muskat und evtl. Knoblauch würzen.

§ Backofen auf 225 °C vorheizen.

§ Kartoffelscheiben in einer ofenfesten Form verteilen und den Spinat darauf verteilen.

§ Aus Öl, Salz und Pfeffer eine Sauce rühren und über den Spinat gießen.

§ Vollkornbrösel und Sonnenblumenkerne in wenig Öl anrösten und auf dem Spinat verteilen.

§ Das Gratin im vorgeheizten Backofen auf der zweiten Schiene von unten 15 Minuten überbacken.

SPINATLASAGNE

1	große Zwiebel	
1	Knoblauchzehe	
3 EL	Olivenöl	
125 g	Dinkel	
½ l	Tomatensaft	
¼ l	Wasser	
450 g	Spinat, TK-Ware (gehackt oder junger Spinat, ohne Rahm)	
	Salz	
	Pfeffer	
	Paprikapulver	
	Rosmarinpulver	
	Oregano, gerebelt	
1 P.	Vollkornlasagneplatten (ohne Ei)	
2 EL	Sonnenblumenkerne	
2 EL	Sonnenblumenöl	
1 EL	Hefeflocken	

§ TIPP §

Wenn Sie TK-Blattspinat verwenden, diesen erst antauen lassen und dann in der Küchenmaschine grob hacken. Bei gehacktem TK-Spinat darauf achten, dass es kein Rahmspinat und die Ware ungewürzt ist.

§ Zwiebel und Knoblauchzehe häuten, Zwiebel würfeln, Knoblauchzehe durchpressen und in heißem Olivenöl anschwitzen.

§ Dinkel grob schroten und kurz mitschmoren lassen. Tomatensaft und Wasser zugießen, gefrorenen Spinat hinzufügen, aufkochen und fünf bis zehn Minuten ziehen lassen. Mit den Gewürzen abschmecken.

§ Lasagneblätter und Spinat-Dinkel-Sauce abwechselnd in eine gefettete feuerfeste Auflaufform schichten. Mit der Sauce abschließen.

§ Sonnenblumenkerne in Sonnenblumenöl anrösten, mit Hefeflocken abschmecken und über die Lasagne streuen.

§ Wenn die Lasagneteigplatten nicht vorgegart sind, die Lasagne bei 180–200 °C ca. eine Stunde auf der mittleren Schiene im Backofen zubereiten. Falls die Nudeln vorher in Salzwasser bissfest gegart wurden, dauert die Zubereitung im Backofen nur eine gute halbe Stunde.

SPINATROLLE

1	Frischhefewürfel (42 g)
300 ml	Wasser
500 g	Dinkel oder Weizen, frisch gemahlen
	etwas Olivenöl
2 TL	Kräutersalz
	Koriander und Kümmel, gemahlen

Füllung	
2	Zwiebeln
3 EL	Olivenöl
450 g	Blattspinat, TK-Ware
	Salz
	Pfeffer
	Muskatnuss, frisch gerieben

Abbildung Seite 152/153.

§ HINWEIS §

Durch den Dampf des heißen Wassers im Backofen bekommt die Spinatrolle eine schöne Kruste.

§ Hefe in handwarmem Wasser auflösen. Zum Vollkornmehl geben und mit Öl und Gewürzen einen Hefeteig daraus herstellen. 30 Minuten zugedeckt gehen lassen.

§ Für die Füllung die Zwiebeln schälen, fein würfeln und im heißen Öl anschwitzen. Den Spinat gefroren dazugeben, unter Rühren auftauen lassen und mit den Gewürzen abschmecken.

§ Backofen auf 200 °C vorheizen. Eine kleine Edelstahl- oder feuerfeste Schüssel mit Wasser auf den Boden des Backofens stellen.

§ Hefeteig gut durchkneten und zu einem Rechteck ausrollen. Spinatmischung auf den Teigboden streichen und von der Längsseite aufrollen. Die Spinatrolle auf ein gefettetes oder mit Backpapier ausgelegtes Backblech legen und noch 20–30 Minuten gehen lassen.

§ Spinatrolle mit Wasser bepinseln und im vorgeheizten Backofen auf der mittleren Schiene 25–30 Minuten backen.

§ TIPP §

Statt der frischen Hefe können Sie auch ein Päckchen Trockenhefe verwenden. Diese dann mit dem Mehl vermischen und den Teig wie gewohnt zubereiten.

TOMATEN-BANANEN-GEMÜSE

für 1 Person

2	Tomaten
1	kleine Zwiebel
2 EL	Sesamöl
1	feste Banane
¼ l	Wasser
	Salz
	Pfeffer
	Currypulver
	Rosmarinpulver

§ Tomaten am Stielansatz mit einem Messer überkreuz einritzen, mit kochendem Wasser überbrühen und häuten. Tomaten vierteln, Strunk entfernen und die Viertel in Würfel schneiden.

§ Zwiebel schälen, würfeln und in Sesamöl anschwitzen.

§ Banane schälen und in dicke Scheiben schneiden, mit dem Wasser und den Tomatenwürfeln zur Zwiebel geben und vier bis fünf Minuten köcheln lassen.

§ Mit Salz, Pfeffer, etwas Curry und Rosmarin abschmecken.

§ TIPP §

Probieren Sie dieses Rezept doch einmal mit Kochbananen – auch Gemüsebanane genannt – aus. Die sind nicht süß und besitzen Stärke statt des umgewandelten Zuckers in den üblichen Obstbananen. Daher müssen sie vor dem Verzehr auch gegart werden. In ihren Anbauländern wird sie genutzt wie bei uns Kartoffeln. Bei der Verwendung von Kochbananen ist darauf zu achten, dass deren Garzeiten länger sind und denen von Kartoffeln entsprechen (bei Bedarf entsprechend kleiner schneiden).

GEFÜLLTE TOMATEN

150 g	Berglinsen
8	große Tomaten
1	kleine Fenchelknolle
½ – ¾ l	Gemüsebrühe
1	Zwiebel
2 EL	Dinkel
	Salz, Pfeffer
	Curry- und Korianderpulver
1 EL	Hefeflocken

§ Linsen waschen, verlesen und über Nacht in ausreichend Wasser einweichen. Am nächsten Tag das Einweichwasser abgießen und die Linsen in frischem Wasser 15–20 Minuten garen.

§ Tomaten waschen, Deckel abschneiden, mit einem Löffel aushöhlen, Stielansätze entfernen und die ausgehöhlte Masse sowie das Fleisch der Tomatendeckel klein schneiden.

§ Fenchel waschen, klein schneiden und kurz in Gemüsebrühe aufkochen. Fenchelstücke in einem Sieb abtropfen lassen, aufgefangene Gemüsebrühe zur Seite stellen.

- Zwiebel schälen, würfeln und in etwas Öl andünsten.
- Linsen, Tomatenstücke und Fenchel dazugeben, durchrühren und mit Salz und Pfeffer würzen.
- Backofen auf 180 °C vorheizen.
- Tomaten in eine feuerfeste Auflaufform setzen und mit der Linsenmasse füllen.
- Dinkel fein mahlen, mit wenig Wasser glattrühren. Beiseitegestellte Gemüsebrühe zum Kochen bringen, Dinkel einrühren und aufkochen lassen. Mit den Gewürzen abschmecken und über die Tomaten gießen.
- Gefüllte Tomaten mit Hefeflocken bestreuen und ca. 30 Minuten im vorgeheizten Backofen überbacken.

§ TIPPS §

Berglinsen müssen nicht unbedingt über Nacht eingeweicht werden. Dann verlängert sich die Garzeit auf 40 Minuten. Von Vorteil ist, dass die kleinen braunen und grünen Berglinsen auch nach dem Garen noch kernig in der Konsistenz bleiben und einen leicht nussigen Geschmack aufweisen. Die im Handel erhältlichen roten Linsen sind geschälte Berglinsen.
Wie bei anderen Linsen gilt, dass erst nach dem Garprozess Salz hinzugefügt werden darf.

ZUCCHINI-BELUGALINSEN-NOCKEN

je 2	Zucchini und Möhren
1	rote Paprikaschote/Peperoni
1	große Zwiebel
2 EL	Olivenöl
1 T.	Belugalinsen, gegart
1	Knoblauchzehe
2 EL	Kapern
1–2	Pellkartoffeln
	Salz, Pfeffer
	etwas Orangenschalenabrieb (Bioorange mit unbehandelter Schale)
1 Bd	Schnittlauch, in Röllchen geschnitten

§ TIPPS §

Dazu passt eine heiße Tomatensauce (Seite 104). Belugalinsen werden in Wasser ohne Salz in ca. 30 Minuten gar gekocht.

- Möhren mit der Gemüsebürste unter fließendem Wasser waschen, Zucchini waschen und Stielansatz abschneiden, Paprika waschen, halbieren und Kerne sowie Stiel entfernen. Zwiebel schälen.
- Gemüse klein schneiden und in heißem Öl knackig garen. Linsen und Knoblauch hinzufügen und fünf Minuten mitschmoren lassen, anschließend Kapern dazugeben und Topf vom Herd ziehen.
- Kartoffeln schälen, mit einer Gabel zerdrücken und unter die heiße Gemüse-Linsen-Masse heben. Mit Salz, Pfeffer und Orangenschale abschmecken.
- Mithilfe zweier Esslöffel aus dem Linsengemüse vorsichtig Nocken formen und auf Teller setzen. Mit reichlich Schnittlauch bestreuen.

ZWIEBELFRIKADELLEN

100 g	Weizen oder Dinkel (oder gemischt)
80 g	Hartweizen
3 EL	Leinsamen
360 g	Wasser
2	mittelgroße Zwiebeln
1	kleine Lauchstange
1	großer Apfel
30 g	Öl
	Stein- und Kräutersalz
1 TL	Paprikapulver, edelsüß
	Muskatnuss, frisch gerieben

Abbildung Seite 152/153.

§ Getreide zusammen mit Leinsamen in der Getreidemühle fein mahlen. Etwa 30 Minuten in Wasser einweichen.

§ Zwiebeln schälen, vom Lauch welkes Grün und Wurzelansatz wegschneiden, Lauchstange längs halbieren und waschen, Apfel halbieren und Kernhaus entfernen. Zwiebel und Lauch fein würfeln, Apfel raspeln.

§ Mit Öl und Gewürzen zum gequollenen Getreide geben. Kräftig abschmecken und bei Bedarf nachwürzen.

§ Mit angefeuchteten Händen kleine Frikadellen formen und in heißem Öl von beiden Seiten knusprig-braun braten.

§ TIPPS §

1 TL Kümmel oder Kreuzkümmel, ganz oder gemahlen, zum Getreidebrei geben.

Wenn kein Hartweizen vorhanden ist, nur Weizen oder Dinkel oder eine andere Getreideart wie Kamut oder Emmer verwenden.

Vegetarische Burger: Auf aufgeschnittene Vollkornburgerbrötchen jeweils ein großes Salatblatt legen. Darauf eine warme oder kalte Frikadelle setzen. Tomatenketchup (Seite 56), eine oder mehrere Scheiben Salatgurke und Tomate daraufgeben. Brötchendeckel auflegen und fertig ist der *Veggie-Burger*.

ZWIEBELKUCHEN

Teig

340 ml	Wasser
1	Frischhefewürfel (42 g)
1–1½ TL	Steinsalz
500 g	Weizen oder Dinkel, frisch gemahlen

Belag

80 g	Cashewkerne
3 EL	Naturreis
400 ml	Wasser
1 TL	Agar-Agar
1–2 TL	Steinsalz
1 Prise	Rosenpaprikapulver
1–2 TL	Zitronensaft
1–2 TL	Kümmelsamen
750 g	Zwiebeln
	Kräutersalz
	Sonnenblumenöl

§ Wasser mit Hefe verrühren, Salz mit Mehl vermischen und die Teigzutaten zu einem glatten Teig verkneten. 30 Minuten zugedeckt gehen lassen.

§ Backofen auf 200 °C vorheizen.

§ Ein Backblech einölen und den Teig gleichmäßig darauf verteilen.

§ Cashews fein mahlen. Naturreis mit der Mühle fein mahlen. Zusammen mit Wasser, Agar-Agar, Gewürzen und Zitronensaft kurz durchmixen, aufkochen und ein bis zwei Minuten köcheln lassen. Kümmel unterheben und die Masse etwas fest werden lassen.

§ Zwiebeln schälen, halbieren und in dünne Scheiben schneiden. Mit etwas Kräutersalz vermischen und in etwas Öl andünsten.

§ Zwiebeln mit der Cashewmasse vermischen und auf dem Teig verteilen.

§ Auf der zweiten Schiene von unten im vorgeheizten Backofen 25–30 Minuten backen.

§ TIPPS §

Statt der frischen Hefe ein Päckchen Trockenhefe verwenden. Diese dann mit Mehl und Salz mischen und wie oben beschrieben weiter verfahren.

Zwiebelschneiden verursacht bei den meisten Menschen Probleme wie Brennen der Augen und Tränenfluss. Dem können Sie entgehen, wenn Sie währenddessen eine Schwimm- oder Taucherbrille tragen. Das sieht vielleicht merkwürdig aus, ist aber eine deutliche Hilfe. Oder nach dem Halbieren die Zwiebel kurz unter kaltem Wasser abspülen und beim Schneiden nicht direkt über, sondern besser vor dem Brett stehen, denn die Zwiebeldämpfe steigen nach oben.

Beilagen

ERBSEN-KARTOFFEL-PÜREE

400 g	Trockenerbsen
4 TL	Olivenöl
3	mittelgroße Zwiebeln, geschält und gewürfelt
1 l	Gemüsebrühe
3	Kartoffeln, geschält und grob gewürfelt
	Pfeffer
	Steinsalz

§ Erbsen über Nacht in ausreichend Wasser einweichen, durch ein Sieb abgießen und abtropfen lassen.

§ Öl in einem Topf erhitzen, darin die Zwiebelwürfel anschwitzen. Erbsen zu den Zwiebeln rühren, mit der Gemüsebrühe ablöschen und die Kartoffeln hinzufügen.

§ Ca. 50 Minuten kochen lassen, dann alles durch die „Flotte Lotte" drehen. Mit den Gewürzen abschmecken.

§ HINWEIS §

Der Vorteil an der „Flotten Lotte" ist, dass das Püree in seiner Konsistenz nicht zu klebrig wird. Mit dem Mixer oder Pürierstab besteht diese Gefahr, daher bei solchen Küchenhelfern erst vorsichtig antesten.

GEMÜSENUDELN

500 g	Möhren
200 g	Petersilienwurzel
200 g	Pastinaken
	Gemüsebrühpulver
	Wasser

§ Wurzelgemüse mit der Gemüsebürste unter fließend kaltem Wasser putzen. Auf einem Gemüsehobel längs dünne Gemüsenudeln hobeln, bei Bedarf vorher das Gemüse längs halbieren.

§ Gemüsebrühe in kochendem Wasser auflösen, die Gemüsenudeln dazugeben und ca. 8–10 Minuten bissfest garen. Durch ein Sieb abgießen und die Flüssigkeit aufbewahren (z. B. als Basis für Suppen und Saucen).

§ TIPPS §

Dazu passt weiße Sauce (Seite 108) oder vegane „Käse"-Sauce (Seite 78 und 107).
Frisch gehackte Kräuter wie Petersilie oder Schnittlauch nach dem Garen darübergeben.

GRIESSNOCKEN

600 ml	Gemüsebrühe
200 g	Vollkornweizengrieß
½ Bd	Petersilie
	Salz
	Muskatnuss, frisch gerieben
	Streumehl (Seite 25) oder Öl

§ Gemüsebrühe in einem großen Topf aufkochen. Grieß einrieseln lassen und gut umrühren. Bei geringer Hitzezufuhr im geschlossenen Topf etwa zehn Minuten garen, dabei immer wieder umrühren.

§ Petersilie waschen und fein hacken. Salz, Muskat und Petersilie in den Gries rühren, leicht abkühlen lassen.

§ Backofen auf 220 °C vorheizen.

§ Ein Backblech mit Streumehl ausstreuen oder mit etwas Öl einpinseln.

§ Von der abgekühlten Grießmasse mit zwei angefeuchteten Löffeln Nocken abstechen und mit Abstand nebeneinander auf das Blech setzen.

§ Im vorgeheizten Backofen auf der mittleren Schiene 10–15 Minuten backen.

§ TIPP §

Bei Umluft sind 200 °C ausreichend.

SÜSSE GRIESSNOCKEN

60 g	Datteln, entsteint
60 ml	Wasser
100 g	Mandeln
4 TL	Mandelmus
600 ml	Wasser
200 g	Vollkorngrieß

§ Datteln 30 Minuten in Wasser einweichen und mit dem Einweichwasser pürieren.

§ Mandeln mit kochendem Wasser überbrühen, ca. fünf Minuten ziehen lassen, Wasser abgießen und die Haut abziehen. Abgezogene Mandeln etwas trocknen lassen, anschließend und fein hacken.

§ Mandelmus und Wasser aufmixen. Die Mandelmilch zum Kochen bringen, Grieß einrieseln lassen und gut verrühren. Bei geringer Hitzezufuhr im geschlossenen Topf etwa zehn Minuten garen, dabei immer wieder umrühren.

§ Unter die leicht abgekühlte Masse Dattelpüree und Mandeln rühren, wie die obenstehenden „Grießnocken" fertigstellen.

§ TIPP §

Statt des Dattelpürees die Grießnocken mit ein bis zwei zerdrückten Bananen süßen.

BRATKARTOFFELN

Salatkartoffeln

Kräutersalz

Pfeffer (optional)

Sonnenblumen- oder Olivenöl

§ Beliebig viele Salatkartoffeln waschen und in kleine Stücke schneiden, ältere Kartoffeln bei Bedarf schälen. Die Kartoffelstücke mit Kräutersalz und Pfeffer gut würzen.

§ Sonnenblumen- oder Olivenöl in einer Pfanne erhitzen, Kartoffelstücke hineingeben und Deckel auflegen. Die Hitzezufuhr stark reduzieren und die Kartoffeln mehrmals wenden.

§ Nach 10–20 Minuten mit einem kleinen Küchenmesser prüfen, ob die Kartoffelstückchen gar sind. Fährt das Messer leicht hinein, können sie knusprig gebraten werden.

§ Dazu den Deckel abnehmen und die Temperatur wieder hochstellen. Unter häufigem Wenden die Kartoffelstücke schön kross backen.

§ TIPP §

Die Bratkartoffeln aus Pellkartoffeln (am Vortag oder einige Stunden vorher gekochte Kartoffeln) herstellen. Dazu die Kartoffeln noch schälen, in grobe Stücke schneiden und knusprig braten. Werden für Pellkartoffeln junge Kartoffeln verwendet, lassen sich diese auch mit Schale verwenden.

KARTOFFELKLÖSSE

1 kg	Kartoffeln, mehligkochend
120–150 g	Vollkornmehl, frisch gemahlen
3 EL	Wasser
	Steinsalz

§ Pellkartoffeln kochen, Wasser abgießen, leicht abkühlen lassen und schälen. Kartoffeln durch eine Kartoffelpresse geben oder mit einem Kartoffelstampfer zu Brei drücken.

§ Alle Zutaten miteinander verkneten. Mit angefeuchteten Händen kleine Klöße formen und in einen weiten Topf mit kochendem Salzwasser geben.

§ Wenn alle Klöße im Wasser sind, die Temperatur sofort reduzieren, bis das Wasser nicht mehr kocht. Die Klöße darin 15–20 Minuten ziehen lassen.

§ TIPP §

Eine Zwiebel schälen, fein würfeln und in zwei Esslöffeln erhitzten Öls hellbraun anbraten. Zwiebelwürfel unter die Kloßmasse kneten.

KARTOFFELKROKETTEN

1 kg	Kartoffeln
120 g	Getreide (Weizen, Dinkel oder Einkorn)
2–3 TL	Kräutersalz
3 EL	Sonnenblumenöl
ca. 5 EL	Vollkornpaniermehl
	Öl zum Braten

§ TIPP §

Den Teig mit 1–2 TL gemahlenem Kümmel verfeinern.

§ Pellkartoffeln kochen, Wasser abgießen, leicht abkühlen lassen und schälen. Kartoffeln durch eine Kartoffelpresse geben oder mit einem Kartoffelstampfer zu Brei drücken und auskühlen lassen.

§ Getreide mittelfein mahlen, mit Salz und Öl zur Kartoffelmasse geben und gut verkneten.

§ Aus dem Kartoffelteig Kroketten formen (bei Bedarf Hände anfeuchten), in Paniermehl wälzen und in heißem Öl von allen Seiten ausbacken.

KARTOFFEL-OLIVEN-KLÖSSE

600 g	Kartoffeln, überwiegend festkochend
150 g	Dinkel
50 g	Buchweizen
15	Oliven, entsteint
1	Knoblauchzehe, geschält
	Kräutersalz
	Muskatnuss, frisch gerieben
1	rote Zwiebel, geschält und gewürfelt
3 EL	Olivenöl

§ TIPPS §

Bei schwarzen Oliven etwas vorsichtiger salzen, sie sind teilweise recht kräftig im Geschmack. Geröstete Vollkornbrotwürfel mit klein geschnittenen Oliven mischen und als Füllung für die Klöße verwenden.

§ Pellkartoffeln kochen, Wasser abgießen, leicht abkühlen lassen und schälen. Kartoffeln durch eine Kartoffelpresse geben oder mit einem Kartoffelstampfer zu Brei drücken.

§ Dinkel und Buchweizen frisch mahlen.

§ Kartoffelmasse, Mehl, klein geschnittene Oliven, durchgepresste Knoblauchzehe und Gewürze miteinander verkneten. Den Teig etwas ruhen lassen.

§ Mit angefeuchteten Händen acht Klöße formen und in kochendes Salzwasser geben. Dann Hitze reduzieren und die Klöße 15–20 Minuten ziehen lassen.

§ Zwiebelwürfel in Olivenöl hell anbraten und über die fertigen Klöße geben.

KARTOFFELPÜREE

1 kg	Kartoffeln, mehligkochend
200 ml	Wasser
200 ml	Nuss- oder Musmilch (siehe Seite 27)
	Steinsalz
	Gemüsebrühpulver
	Muskatnuss, frisch gerieben
	Sonnenblumen- oder Olivenöl (optional)

§ Pellkartoffeln kochen, Wasser abgießen, leicht abkühlen lassen und schälen. Kartoffeln durch eine Kartoffelpresse geben oder mit einem Kartoffelstampfer zu Brei drücken.

§ Wasser und Musmilch mit Gewürzen zum Kochen bringen und die Kartoffelmasse mit dem Schneebesen unterrühren.

§ Zum Schluss bei Bedarf noch etwas Öl hineinträufeln und nochmals abschmecken.

§ TIPPS §

Gerebelter Majoran passt geschmacklich gut in das Püree.

Wenn keine Nuss- oder Musmilch zur Hand ist, einfach mit der doppelten Menge Wasser arbeiten.

PASTINAKENPÜREE

400 g	Pastinaken
400 g	Kartoffeln, festkochend
¼ l	Gemüsebrühe
	Muskatnuss, frisch gerieben
	Walnüsse
	Walnussöl

§ Pastinaken mit der Gemüsebürste unter fließendem kalten Wasser putzen, Kartoffeln schälen und kurz waschen.

§ Gemüse grob schneiden und mit der Gemüsebrühe aufkochen, bei reduzierter Hitzezufuhr ca. 15 Minuten garen.

§ Gemüse durch die „Flotte Lotte" drehen, mit etwas Muskatnuss und bei Bedarf mit Steinsalz abschmecken.

§ Walnüsse grob hacken und mit einem Schuss gutem Walnussöl über das Püree geben.

§ TIPPS §

Statt Pastinaken können Sie das Püree auch mit anderem Wurzelgemüse wie Knollensellerie, Topinambur, Petersilienwurzel, Möhren oder Herbstrübe herstellen. Nach Geschmack können Sie auch die Kartoffeln weglassen, dann mit der Flüssigkeit entsprechend variieren.

POMMES FRITES

	große Kartoffeln, überwiegend festkochend
	Oliven- oder Erdnussöl
	Steinsalz
	Paprikapulver, edelsüß

§ Beliebig viele Kartoffeln schälen oder mit Wasser sauber bürsten, waschen und, falls vorhanden, in einen Pommesschneider geben oder die Kartoffeln zuerst in Scheiben und dann in Stifte schneiden.

§ Pommes in eine Schüssel geben, 2–3 EL Öl darüber geben und vorsichtig mit den Händen durchmischen.

§ Backofen auf 200 °C bei Ober-Unter-Hitze (oder 180 °C Heißluft) vorheizen.

§ Stäbchen auf ein oder zwei Backbleche legen.

§ Im vorgeheizten Backofen auf der zweiten Schiene von unten 30–45 Minuten backen.

§ Zum Schluss erst würzen.

§ TIPPS §

Wenn die Pommes schön kross sind, zum Schluss noch einmal mit etwas Öl bepinseln und Sesam oder klein gehackten Rosmarin darüberstreuen.

Pommes rot/weiß: Ganz einfach mit Tomatenketchup (Seite 56) und veganer Mayonnaise (Seite 56) selbst gemacht.

RISOTTO

3	mittelgroße Zwiebeln
20 ml	Sonnenblumenöl
275 g	Naturrundkornreis
800 ml	Gemüsebrühe
100 ml	Weißwein
1	rote Paprikaschote/Peperoni
1 TL	Steinsalz
	frische gemischte Kräuter, fein gehackt

§ Zwiebeln schälen, fein schneiden und in Öl glasig andünsten. Reis dazugeben und fünf bis zehn Minuten unter häufigem Rühren leicht mitrösten.

§ Heiße Gemüsebrühe jeweils schöpflöffelweise angießen, unter Rühren einreduzieren.

§ Paprika waschen, halbieren, Stiele und Kerne entfernen und die Hälften klein würfeln.

§ Paprikawürfel zehn Minuten vor Kochende dazugeben, nochmals Gemüsebrühe dazuschöpfen und unter Rühren einkochen.

§ Salzen und gehackte Kräuter unterziehen.

§ TIPPS §

Auch anderes Gemüse wie Zucchini, grüner Spargel, Pilze oder grüne Bohnen passt gut in das Risotto. Kräftige, farbenfrohe Sprossen zum Schluss darüberstreuen.

Desserts

GEKOCHTES APFELMUS

750 g	Äpfel
80 ml	Wasser
½	Zitrone, Saft
	Vanillepulver oder -mark
1	Banane oder Trockenfrüchte, püriert

§ Äpfel schälen, halbieren, Kernhaus herausschneiden und Apfelhälften in kleine Stücke schneiden.

§ Mit Wasser und Zitronensaft in einem Topf einige Minuten kochen lassen.

§ Zu Mus pürieren und mit Vanille abschmecken.

§ Nach Bedarf mit einer geschälten zerdrückten Banane oder mit pürierten Trockenfrüchten süßen.

ROHKOST-APFELMUS

500 g	Äpfel
1 TL	Zimt- oder Vanillepulver
½	Zitrone, Saft
1	Banane (optional)

§ Äpfel halbieren, Kernhaus entfernen und Hälften grob oder fein raspeln.

§ Mit Zimt oder Vanille würzen und Zitronensaft hinzufügen (dann werden die Äpfel nicht so schnell braun).

§ Bei Bedarf eine geschälte Banane zerdrücken und zum Süßen unterheben.

§ TIPP §

Ganz Eilige können auch ganz einfach aus getrockneten Apfelringen und der doppelten Menge Wasser ein einfaches Apfelmus zubereiten. Apfelringe mit dem Wasser pürieren, fertig.

BANANEN-MANDEL-DESSERT

für 2 Personen

3	Bananen
2 EL	helles Mandelmus
2–3 EL	Marmelade aus roten Früchten (Seite 86)

§ Bananen schälen und zerdrücken. Mit Mandelmus verrühren und in Dessertschalen füllen.
§ Mit einem Marmeladenklecks obenauf verzieren oder die rote Marmelade unterziehen.

§ TIPP §

Mit Cashews oder Macadamianüssen garnieren.

BANANEN-SCHOKO-CREME

für 2 Personen

30 g	Datteln, entsteint
30 ml	Wasser
2–3	Bananen
je 1–2 EL	Cashewmus und Mischmus
1 EL	schwach entölter Kakao, durchgesiebt
1 EL	Sesam- oder Distelöl
1 Prise	Zimtpulver

§ Datteln 30 Minuten in Wasser einweichen.
§ Datteln mit Einweichwasser und allen anderen Zutaten mit einem Pürierstab oder in einem Mixer pürieren.
§ Creme in Gläsern eine Stunde kaltstellen.

§ TIPP §

Wenn Sie vier schön reife Bananen verwenden, erübrigt sich das Süßen mit den Datteln.

CASHEWPUDDING

für 2 Personen

40 g	Datteln, entsteint
190 ml	Wasser
30 g	Naturreis
80 g	Cashewmus
20 g	Haselnuss-, Maiskeim- oder Rapsöl
1 EL	Zitronensaft
2 Msp	Vanillepulver oder -mark

§ Datteln 30 Minuten in 40 ml Wasser einweichen und mit dem Einweichwasser pürieren.
§ Naturreis fein mahlen, in 150 ml Wasser kurz aufkochen und abkühlen lassen.
§ Alle Zutaten gut verrühren, in Schüsselchen füllen und kühl stellen.

§ TIPP §

Garnieren Sie jeweils mit einem Klecks Erdbeermarmelade oben auf den Pudding und setzen Sie noch Cashews darauf.

CREMIGES FRUCHTEIS

1	Banane
2	Nektarinen oder anderes Obst
½ l	Wasser
2–3 EL	Mandel- oder Cashewmus
15	Datteln, entsteint

§ Banane schälen und in Stücke schneiden. Nektarinen oder Obst nach Wahl küchenfertig machen (putzen, waschen und bei Bedarf entsteinen oder entkernen).

§ Alles in einen Mixer geben und ca. 30 Minuten einweichen, danach pürieren und in einem offenen Behälter für mehrere Stunden einfrieren.

§ Eisform in heißes Wasser tauchen, am Rand mit einem Messer entlangfahren und die Masse aus der Form stürzen.

§ Mit einem scharfen oder gezackten Messer die gefrorene Masse in Streifen schneiden und durch einen leistungsfähigen Entsafter (siehe Hinweis Seite 170) geben.

§ TIPP §

Ohne Bananen die Dattelmenge auf 20 Stück erhöhen.

MANDELREIS MIT ERDBEEREN

½ l	Wasser
8 TL	Mandelmus
125 g	Naturrundkornreis
60 g	Datteln, entsteint
60 ml	Wasser
	Zimtpulver
800 g	Erdbeeren
	Zitronensaft (optional)

§ Für die Mandelmilch Wasser aufkochen und weißes Mandelmus darin auflösen.

§ Reis waschen, zur Mandelmilch geben und ca. 30–40 Minuten bei geringer Hitzezufuhr köcheln, danach noch 20 Minuten quellen lassen.

§ Datteln 30 Minuten in Wasser einweichen und mit dem Einweichwasser pürieren.

§ Abgekühlten Reis mit Dattelpüree und etwas Zimt abschmecken.

§ Erdbeeren waschen, Blattgrün entfernen, die Beeren halbieren und nach Geschmack noch mit Zitronensaft abschmecken.

§ TIPPS §

Statt Zimt frisch geriebene Schale einer unbehandelten Biozitrone zum Mandelreis geben.
Statt Dattelpüree können Sie auch mit geschälten, zerdrückten Bananen süßen.
Unter die Erdbeeren frische gehackte Minzeblättchen mischen.

MANDEL-ZIMT-CREME IM APFELBETT

20–30 g	Datteln, entsteint
20–30 ml	Wasser
2	säuerliche Äpfel
	Zitronensaft
	Zimt- und Vanillepulver

Creme

60 g	Datteln, entsteint
60 ml	Wasser
250 ml	Wasser
150 ml	Nuss- oder Musmilch (siehe Seite 26)
6 EL	Vollkornreis, fein gemahlen
2 EL	helles Mandelmus
½ TL	Zimtpulver
1 EL	Mandelblättchen

§ Datteln 30 Minuten in Wasser einweichen und mit dem Einweichwasser pürieren.

§ Äpfel halbieren, Kernhaus entfernen und Apfelhälften raspeln.

§ Etwas Zitronensaft mit Dattelpüree, Zimt und Vanille glatt rühren und unter die Äpfel mischen.

§ Datteln für die Creme 30 Minuten in Wasser einweichen und mit dem Einweichwasser pürieren.

§ Wasser und Musmilch mit dem Reismehl glatt rühren und aufkochen lassen. Mandelmus, Dattelpüree und Zimt unterrühren.

§ Apfelmasse in vier Dessertschalen füllen, Mandelcreme darübergeben und mit Mandelblättchen bestreuen.

Abbildung Seite 166/167.

§ TIPPS §

Statt Dattelpüree mit einer geschälten, zerdrückten Banane süßen.

Für den Tupfer „Sahne" ungesalzenen Nuss-Schmand (siehe Seite 26) oder Nuss-„Schlagsahne" (Seite 169) herstellen, oben auf die Creme setzen und mit Zimtpulver bestäuben.

Gehackte Pistazien statt Mandelblättchen passen als Garnitur ebenfalls zur Creme.

MOKKACREME

100 g	Naturreis
500 ml	Wasser
20	Datteln, entsteint
150–200 ml	Wasser
2 EL	Cashewmus
2 EL	Mandelmus
2 TL	Johannisbrotkernmehl
½ TL	Vanillepulver oder -mark
3 EL	Getreidekaffeepulver

§ Naturreis mahlen, in Wasser kurz zu einem dicklichen Brei aufkochen und auskühlen lassen.
§ Datteln 30 Minuten in Wasser einweichen und mit dem Einweichwasser pürieren.
§ Dattelpüree und restliche Zutaten in die Reiscreme einrühren und kühl stellen.

§ TIPP §

Für den Tupfer „Sahne" ungesalzenen Nuss-Schmand (siehe Seite 26), Nuss-„Schlagsahne" (siehe unten) oder „Schlagsahne" (Seite 172) herstellen und oben auf die Creme setzen.

NUSS-„SCHLAGSAHNE"

150 g	Cashewkerne
4	Datteln, entsteint
150 g	Wasser oder frisch gepresster Orangensaft und Wasser gemischt
1 Msp	Vanillepulver oder -mark
1–2 EL	Zitronensaft
1–2 EL	Johannisbrotkernmehl

§ Nüsse und Datteln 20–30 Minuten in der Flüssigkeit einweichen.
§ Danach alle Zutaten aufmixen, bis eine sahneähnliche Konsistenz entsteht. Bei Bedarf etwas Flüssigkeit zugeben. In den Kühlschrank stellen.

§ TIPPS §

Für Erwachsenen können Sie die „Schlagsahne" auch mit einem Schuss Rum aromatisieren.
Das Rezept lässt sich gut als Vanilleeis einfrieren. Dafür nach Geschmack noch etwas mehr Trockenfrüchte mitpürieren.
Statt des Dattelpürees ein Stück Banane mitpürieren oder – wenn es süßer sein darf – beides dazumixen.
Anstelle von Datteln zum Süßen 50–60 g Apfelringe verwenden. Dann die Flüssigkeitsmenge etwas erhöhen.
Ohne Johannisbrotkernmehl erhalten Sie ein Ergebnis wie bei flüssiger süßer Sahne/Rahm.

PFLAUMENCREME

400 g	Pflaumen
½	Zitrone
50 g	Cashewkerne
40 g	Trockenfrüchte
	Zimtpulver

§ Pflaumen waschen, entsteinen und Zitrone auspressen.

§ Je nach Trockenfruchtsorte diese einige Zeit in Wasser einweichen, damit sie sich besser zerkleinern lässt.

§ Alle Zutaten in einen Mixer geben und cremig pürieren. Bei Bedarf Wasser hinzugießen, falls die Trockenfrüchte noch zu stückig sind.

§ Die Creme in Gläsern kalt stellen.

§ TIPP §

Statt der Trockenfrüchte eine bis zwei geschälte und in Stücke geschnittene Bananen zum Süßen verwenden.

ROHKOSTEIS

	gefrorene Früchte nach Wahl
	Bananen

§ TIPP §

1–2 EL „rohköstliches" Mandelmus und/oder eine der „Sahne"-Sorten Seite 169 und 172) über das Eis geben.

§ HINWEIS §

Mit üblichen Mixern oder Saftzentrifugen wird durch die schnelle Reibung Wärme erzeugt, sodass darin zubereitetes Obst und Gemüse seine Rohkostqualität verliert, weil bereits ab 42 °C einige Vitamine und Enzyme zerstört werden. Daher gibt es spezielle Entsafter, die auf schonende, vitalstofferhaltende Weise pressend arbeiten. Sie sind so robust gebaut, dass sie auch problemlos gefrorene Früchte verarbeiten können. Eine Liste von Anbietern, die solche Geräte im Sortiment haben, kann im Leserservice des Verlags angefordert werden.

§ Gefrorene Früchte abwechselnd mit Bananen durch einen leistungsfähigen Entsafter (siehe Hinweis) geben. Die Konsistenz des damit hergestellten Rohkosteises ist wie die von Softeis, jedoch ohne weitere Zutaten. Das ist purer, erfrischender Fruchtgenuss.

ROTE GRÜTZE

100 g	Datteln, entsteint
100 ml	Wasser
500 g	Beeren, frisch oder aufgetaute TK-Ware
500 ml	Fruchtsaft
2 TL	Agar-Agar
½ TL	Vanillepulver oder -mark

Abbildung Seite 166/167.

§ Datteln 30 Minuten in Wasser einweichen und mit dem Einweichwasser pürieren.

§ Beeren säubern, große evtl. teilen und in eine Schüssel geben. Bei TK-Beeren den abgetropften Fruchtsaft mitverwenden, dann reduziert sich entsprechend die Menge des separaten Fruchtsafts.

§ Flüssigkeit mit Agar-Agar, Dattelpüree und Vanille erhitzen. Zwei bis drei Minuten köcheln lassen und die Mischung über die Beeren gießen. Grütze bei Zimmertemperatur erstarren lassen, anschließend kühl stellen.

§ TIPPS §

Geeignete Beeren sind Himbeeren, Johannisbeeren, Erdbeeren oder entsteinte Kirschen, auch eine Mischung daraus. Aber auch mit anderen beliebigen Früchten können Sie das Rezept ganz nach Geschmack variieren.

Dazu passt Softeis (Seite 175) oder ganz klassisch Vanillesauce (Seite 109).

§ HINWEISE §

Reife Himbeeren sind sehr empfindlich, daher keinesfalls waschen, sonst verlieren sie ihr Aroma und werden matschig. Johannis-, Brom- oder Erdbeeren hingegen können problemlos kurz überbraust werden.

Rote oder dunkle Beeren sind ausgesprochen gesund, denn hinter der kräftigen Farbe und dem Aroma stehen sekundäre Pflanzenstoffe wie Anthocyane, die ein hervorragender antioxidativer Zellschutz sind.

„SAHNE"-FRUCHTEIS

	Nuss-„Schlagsahne" (Menge und Rezept auf Seite 169)
	frische Früchte nach Wahl oder TK-Ware
2	Bananen
½	Zitrone, Saft

§ Früchte nach Wahl, z. B. Erdbeeren, Himbeeren etc., küchenfertig machen (putzen, waschen und bei Bedarf entsteinen) und pürieren. TK-Früchte auftauen und Flüssigkeit auffangen.

§ Bananen schälen und grob in Stücke schneiden.

§ Alle Zutaten cremig mixen und in kleinen Behältern oder einer großen Schüssel für zwei bis drei Stunden ins Tiefkühlfach oder in den Gefrierschrank stellen.

§ Wenn das Eis zum Servieren zu hart ist, bei Zimmertemperatur etwas antauen lassen und mit der Gabel durchmischen.

§ TIPPS §

Für Bananeneis eine Banane mehr verwenden und die übrigen Früchte weglassen.

Durch eingeweichte und pürierte Datteln bekommen Sie noch mehr Süße in das Eis.

Kinder lieben Eis am Stiel: Zweifarbiges *Eis am Stiel* erhalten Sie, wenn Sie einen Teil der Eismasse ohne die Früchte, nur mit den Bananen pürieren. Dann zuerst den einen Teil, dann den anderen in kleine Förmchen oder schmale Gläser (wichtig: mit nach außen geöffnetem Rand) einfüllen, Holzstäbchen einstecken und ins Tiefkühlfach stellen.

„SCHLAGSAHNE"

1–2 Portionen

20–30 g	Datteln, entsteint
20–30 ml	Wasser
25 g	Naturreis
125 ml	Wasser
1 EL	helles Mandelmus
1 Msp	Vanillepulver oder -mark
1 EL	Zitronensaft

§ Datteln 30 Minuten in Wasser einweichen und mit dem Einweichwasser pürieren.

§ Für eine Reiscremebasis Naturreis fein mahlen, mit Wasser kurz aufkochen und abkühlen lassen.

§ Alle Zutaten zusammen glatt verrühren.

§ TIPPS §

Diese „Schlagsahne" ist eine schöne Abrundung auf einem Obstkuchen oder zum Eis, sie lässt sich aber auch pur als Vanillepudding genießen. Statt des Dattelpürees können Sie mit zerdrückter Banane oder mit 60 g getrockneten Apfelringen, die mit 120 ml Wasser püriert wurden, süßen.

SCHOKOEIS

60 g	Datteln, entsteint
60 ml	Wasser
	Nuss-„Schlagsahne" (Menge und Rezept auf Seite 169)
1 EL	schwach entöltes Kakaopulver, durchgesiebt

§ Datteln 30 Minuten in Wasser einweichen und mit dem Einweichwasser pürieren.

§ Alle Zutaten cremig mixen und in kleinen Behältern oder einer großen Schüssel für zwei bis drei Stunden ins Tiefkühlfach oder in den Gefrierschrank stellen.

§ TIPPS §

Das Rezept ergibt ungefroren eine leckere Schokocreme.

Statt mit Dattelpüree mit zerdrückten Bananen süßen.

SCHOKOBANANEN

	Schokoladencreme (Menge siehe Seite 88)
2–3	Bananen

§ Bananen schälen, in zentimeterdicke Scheiben schneiden und auf einer Platte anrichten. Schokoladencreme wie auf Seite 88 beschrieben zubereiten, jedoch mit Kokosöl, damit sie im Kühlschrank fest wird. Gekühlte Creme in einen Spritzbeutel mit mittelgroßer Tülle geben und auf jede Bananenscheibe eine Schokoverzierung setzen.

SCHOKO-BANANEN-EIS

1–2 Portionen

2	Bananen
1 EL	schwach entöltes Kakaopulver, durchgesiebt
1 Msp	Vanillepulver oder -mark
1 Prise	Zimtpulver

§ Bananen schälen und mit einer Gabel zerdrücken oder pürieren. Kakaopulver, Vanille und Zimt unterrühren.

§ In zwei Behältern für etwa drei Stunden ins Tiefkühlfach oder in den Gefrierschrank stellen.

CREMIGES SCHOKOLADENEIS

½ l	Wasser
2–3 EL	Mandel-, Cashew-, Haselnuss- oder Mischmus
3 EL	Kakao- oder Carobpulver
15	Datteln, entsteint

§ Alles in einen Mixer geben und ca. 30 Minuten einweichen, danach pürieren und in einem offenen Behälter für mehrere Stunden einfrieren.

§ Eisform in heißes Wasser tauchen, am Rand mit einem Messer entlangfahren und die Masse aus der Form stürzen.

§ Mit einem scharfen oder gezackten Messer die gefrorene Masse in Streifen schneiden und durch einen leistungsfähigen Entsafter (siehe Hinweis Seite 170) geben.

SCHOKOLADENPUDDING

50 g	Cashewkerne
50 ml	Wasser
2 EL	Cashew- oder Mandelmus
400 ml	Wasser
80 g	Weizen oder Dinkel, frisch gemahlen
2 EL	schwach entöltes Kakaopulver, durchgesiebt
¼ TL	Zimtpulver
100 g	Datteln, entsteint
100 ml	Wasser
1 TL	Vanillepulver oder -mark

§ Einen Nuss-Schmand aus Cashews herstellen, die 20 Minuten in Wasser eingeweicht und dann darin püriert werden.

§ Für die Musmilch Cashew- oder Mandelmus mit Wasser aufmixen.

§ Vollkornmehl unter Rühren (am besten mit einem Schneebesen) mit der Musmilch zu einem dicklichen Brei aufkochen.

§ Topf vom Herd ziehen und alle anderen Zutaten unterrühren. Zum Schluss den Nuss-Schmand unter den Pudding ziehen.

§ TIPPS §

30 g fein geriebene Mandeln unter den Pudding heben.

Wenn der Pudding nur für Erwachsene ist, können Sie auch eine Prise Chilipulver statt des Zimts unterrühren.

SOFTEIS

4	Bananen
400 g	Früchte nach Wahl
1	Zitrone, Saft
1–2 Msp	Vanillepulver oder -mark

§ TIPP §

Vanille durch Zimt- oder Kardamompulver
ersetzen.

§ Am Vortag Bananen schälen, in zentimeter-
breite Scheiben schneiden und einfrieren.

§ Früchte nach Wahl, z. B. Erdbeeren, Himbeeren, Brombeeren, Kirschen, Pfirsiche, Birnen
etc., küchenfertig machen (putzen, waschen
und bei Bedarf entsteinen oder entkernen).

§ Früchte mit Zitronensaft und Vanille pürieren,
nach und nach die gefrorenen Bananenstücke
dazugeben und zur cremigen Masse mixen.

VANILLECREME

für 2 Personen

2	Bananen
1	Zitrone, Saft
4 EL	helles Mandelmus
2 Msp	Vanillepulver oder -mark

§ Bananen schälen und pürieren.

§ Püree mit Zitronensaft, Mandelmus und
Vanille gut verrühren.

§ TIPP §

Andere Früchte, z. B. Erdbeeren, mitpürieren
oder zum Schluss in kleinen Stückchen dazugeben. Oder Erdbeeren separat pürieren und
mit einem Holzstäbchen wellenförmig unter
die Vanillecreme ziehen.

CREMIGES VANILLEEIS

½ l	Wasser
2–3 EL	Mandel- oder Cashewmus
1 TL	Vanillepulver oder -mark
15	Datteln, entsteint

§ Alles in einen Mixer geben und ca. 30 Minuten einweichen, danach pürieren und in einem offenen Behälter für mehrere Stunden einfrieren.

§ Eisform in heißes Wasser tauchen, am Rand mit einem Messer entlangfahren und die Masse aus der Form stürzen.

§ Mit einem scharfen oder gezackten Messer die gefrorene Masse in Streifen schneiden und durch einen leistungsfähigen Entsafter (siehe Hinweis Seite 170) geben.

VOLLKORNREISCREME MIT OBST

100 g	Vollkornreis
½ l	Wasser
300–400 g	Pflaumen, Zwetschgen oder anderes Steinobst, frisch oder TK-Ware
100 g	Datteln, entsteint
100 ml	Wasser
1 EL	Cashewmus
1 EL	Erdnussmus (ohne Salz)

§ Reis mahlen, in Wasser anrühren und kurz aufkochen lassen. Reiscreme auskühlen lassen.

§ Obst waschen, entsteinen und in Stücke schneiden. TK-Obst erst auftauen, Auftauflüssigkeit abgießen und bei Bedarf anderweitig verwenden.

§ Alle Zutaten im Mixer oder mit einem Pürierstab cremig pürieren und eine Stunde kalt stellen.

§ TIPP §

Statt Dattelpüree mit vier geschälten und in Stücke geschnittenen Bananen süßen.

Konfekt

APRIKOSENKUGELN

ca. 25 kleine Kugeln

200 g	getrocknete (Soft-)Aprikosen, ungeschwefelt
2 EL	Zitronensaft
100 g	Kokosraspel
ca. 30 g	Kokosraspel

Abbildung Seite 179.

§ Aprikosen im Mixer zerkleinern und falls nötig noch etwas Wasser zugießen.

§ Zitronensaft und Kokosraspel gründlich mit den Aprikosen verkneten.

§ Kleine Kugeln formen, in den Kokosraspeln wälzen und trocknen lassen.

§ TIPPS §

Für Erwachsene können Sie statt des Zitronensafts auch Rum zum Aromatisieren verwenden. Aprikosenkugeln können in einem Schraubglas ca. drei Wochen aufbewahrt werden.

„BUTTER"-PRALINÉS

50 g	Trockenfrüchte nach Wahl
50 ml	Wasser
20 g	Naturreis
100 ml	Wasser
½	Orange, Saft
½	Zitrone, Saft
1–2 EL	helles Mandelmus
100 ml	Sonnenblumenöl oder ein anderes, neutral schmeckendes Öl
100 ml	Wasser
2–3 TL	Johannisbrotkernmehl

§ Trockenfrüchte eine Stunde in Wasser einweichen und mit dem Einweichwasser pürieren.

§ Naturreis fein mahlen, mit dem Wasser kurz aufkochen und abkühlen lassen.

§ Orangen- und Zitronensaft mit Mandelmus, Öl, Wasser und Johannisbrotkernmehl in einen Mixer geben und cremig mixen.

§ Mit dem Trockenfruchtpüree zur Naturreiscreme geben und in Pralinenförmchen füllen. Zwei bis drei Stunden in das Tiefkühlfach oder die Gefriertruhe stellen.

ENERGIEBÄLLCHEN

150 g	Datteln, entsteint
ca. 100 ml	Wasser, heiß
150 g	Mandeln, gemahlen
4–5	Haferflocken oder anderes Getreide, frisch geflockt
	Sesam
	Kokosraspel
	Mandeln, gehackt

§ Datteln mit heißem Wasser im Mixer pürieren, mit gemahlenen Mandeln und Hafer- bzw. Getreideflocken verkneten.

§ Mit angefeuchteten Händen zu Bällchen formen und ein Drittel in Sesam, ein Drittel in Kokosraspeln und ein Drittel in gehackten Mandeln wälzen.

§ Energiebällchen im Kühlschrank aufbewahren und rasch verzehren.

§ TIPP §

Zum Aromatisieren können Sie Kakao- oder Carobpulver, Vanille- oder Kardamompulver hinzufügen.

SCHNEEBÄLLE

100 g	getrocknete Ananas
120 g	Datteln, entsteint
120 ml	Wasser
120 g	Kokosraspel
30 g	Kokosraspel zum Wälzen
	kleine Pralinenförmchen aus Papier

§ Ananas ganz fein schneiden oder hacken. Alle Zutaten gründlich verkneten und mit angefeuchteten Händen kleine Kugeln daraus formen.

§ Schneebälle in Kokosraspeln wälzen.

§ Schneebälle in Pralinenförmchen setzen, kühl aufbewahren und rasch verzehren.

Abbildung Seite nebenstehend.

SCHOKOPRALINEN

200 g	Datteln, entsteint
200 g	Mandeln oder Haselnüsse oder beides gemischt
4 TL	Carob- oder Kakaopulver
	Sesam
	Kokosraspel
	Mandeln, gehackt

Abbildung Seite 179.

§ Datteln durch den Gemüsewolf drehen. Mandeln oder Nüsse fein mahlen.

§ Beim Verkneten tröpfchenweise Wasser dazugeben, damit die Masse nicht zu trocken wird. Mit angefeuchteten Händen kleine Kugeln daraus formen.

§ Pralinen pur oder die Kugeln dritteln und in Sesam, Kokosraspeln und gehackten Mandeln wälzen.

§ TIPP §

Falls Sie keinen Gemüsewolf besitzen, weichen Sie die Datteln einfach für 30 Minuten in 200 ml Wasser ein und pürieren Sie sie mit dem Einweichwasser. Damit die Pralinenmasse nicht zu weich wird, noch frisch gemahlenes Vollkornmehl oder gemahlene Mandeln bzw. Nüsse oder bei Kokospralinen Kokosraspel hinzufügen und gut verkneten.

SOFTKUGELN

2	Bananen
1 T.	Mandeln oder Cashewkerne
4	getrocknete (Soft-)Aprikosen, ungeschwefelt
3	getrocknete (Soft-)Feigen, ungeschwefelt
1 Msp	Vanillepulver oder -mark
50 g	Weizen oder Dinkel, fein gemahlen (optional)
	Kokosraspel oder gehackte Mandeln

Buchtipp

Weitere gesunde Naschereien können Sie im Buch „Vollwert – Plätzchen & Konfekt" entdecken, in dem auch leckere vegane Rezepte der beiden Autorinnen des vorliegenden Buches zu finden sind (ebenfalls im Hädecke Verlag, ISBN 978-3-7750-0572-2).

§ Bananen schälen und mit der Gabel fein zerdrücken. Mandeln oder Nüsse fein mahlen. Trockenfrüchte sehr fein schneiden.

§ Alle Zutaten zu einer festen Masse kneten und bei Bedarf noch Mehl dazugeben.

§ Mit angefeuchteten Händen kleine Bällchen formen und in Kokosraspeln oder Mandeln wälzen.

§ Softkugeln kühl aufbewahren und rasch verzehren.

§ TIPP §

Von unbehandelten Bio-Zitrusfrüchten etwas Schale abreiben und unter die Masse kneten.

Kuchen, Torten und Gebäck

Glasuren für Kuchen und Gebäck

Bei allen Glasuren bitte darauf achten, dass die abgekühlten Kuchen oder Gebäckstücke damit bestrichen werden und diese dann zum Abbinden noch einmal kühl gestellt werden müssen.

In einigen Glasuren ist Johannisbrotkernmehl vorgesehen. Dieses neigt schnell zum Klumpen; um dies zu vermeiden, bitte die Vorgehensweise in den Rezepten beachten oder die Glasurzutaten im Mixer glatt mixen.

Die Menge der Glasuren ist für einen Kuchen ausreichend. Wenn Sie viele Gebäckstücke backen, können Sie die Zutatenmengen beliebig erweitern.

MANDELGLASUR

40 g	Datteln, entsteint
40 ml	Wasser
3 EL	helles Mandelmus
1 EL	Mandelmusmilch (siehe Seite 27)
1 TL	Johannisbrotkernmehl

§ Datteln 30 Minuten in Wasser einweichen und mit dem Einweichwasser pürieren.

§ Mandelmus, Dattelpüree und Mandelmusmilch verrühren.

§ Johannisbrotkernmehl in wenig Wasser mithilfe eines kleinen Schneebesens rasch auflösen und mit den restlichen Zutaten glatt rühren.

§ TIPPS §

1 TL Zitronensaft hinzufügen; das macht den Geschmack frischer.

Statt Johannisbrotkernmehl 1–2 EL Kokosöl im Warmwasserbad verflüssigen und unter die Glasurzutaten rühren. Je nach Geschmack können Sie die Menge des Kokosöls erhöhen.

SCHOKOLADENGLASUR

40 g	Datteln, entsteint
40 ml	Wasser
3–4 EL	Musmilch (siehe Seite 27)
1 EL	schwach entöltes Kakaopulver, durchgesiebt
1½ TL	Johannisbrotkernmehl

§ Datteln 30 Minuten in Wasser einweichen und mit dem Einweichwasser pürieren.
§ Musmilch mit dem Dattelpüree verrühren.
§ Kakao und Johannisbrotkernmehl mischen, in wenig Wasser mithilfe eines kleinen Schneebesens rasch auflösen und mit den restlichen Zutaten glatt rühren.

§ TIPP §

Statt Johannisbrotkernmehl 1–2 EL Kokosöl im Warmwasserbad verflüssigen und unter die Glasurzutaten rühren. Je nach Geschmack können Sie die Menge des Kokosöls erhöhen. Für eine festere Glasur die Musmilch weglassen.

ZITRONENGLASUR

40 g	Datteln, entsteint
40 ml	Wasser
1–2 EL	Zitronensaft
3 EL	Musmilch (siehe Seite 27)
1½ TL	Johannisbrotkernmehl

§ TIPPS §

Statt Johannisbrotkernmehl 1–2 EL Kokosöl im Warmwasserbad verflüssigen und unter die Glasurzutaten rühren. Je nach Geschmack können Sie die Menge des Kokosöls erhöhen.
Für eine festere Glasur die Musmilch weglassen.

§ Datteln 30 Minuten in Wasser einweichen und mit dem Einweichwasser pürieren.
§ Zitronensaft, Musmilch und Dattelpüree verrühren.
§ Johannisbrotkernmehl in wenig Wasser mithilfe eines kleinen Schneebesens rasch auflösen und mit den restlichen Zutaten glatt rühren.

APFEL-MOHNKUCHEN

für eine Springform mit 26 cm Ø

Teig

60 g	Datteln, entsteint
60 ml	Wasser
275 g	Weizen- oder Dinkelvollkornmehl, frisch gemahlen
1/8 l	Wasser
½	Frischhefewürfel (ca. 20 g)
½	Zitrone, Schalenabrieb (Hinweis Seite 25)
40 ml	Sonnenblumenöl
1 Prise	Steinsalz

Belag

250 g	Mohn, ungeschält
100 g	Mandeln
70 g	Naturreis
500 ml	Wasser
80 g	Rosinen
160 g	Datteln, entsteint
160 ml	Wasser
1 TL	Vanillepulver oder -mark
2	große Äpfel

§ TIPPS §

Der Belag schmeckt auch ohne Rosinen.
Den Teig mit einem halben Päckchen Trockenhefe herstellen: unter das Mehl mischen und den Teig ohne Vorteig herstellen und zugedeckt ca. 30 Minuten gehen lassen.

§ Datteln 30 Minuten in Wasser einweichen und mit dem Einweichwasser pürieren.

§ Mehl in eine Schüssel geben und eine Vertiefung hineindrücken. Hefe in lauwarmem Wasser auflösen. In die Vertiefung gießen und einen Vorteig darin anrühren. Mit Mehl bestäubt 15 Minuten gehen lassen.

§ Öl, Dattelpüree, Zitronenschale und Salz dazugeben. Alles zu einem geschmeidigen Teig verkneten, 30 Minuten zugedeckt gehen lassen.

§ Kuchenform mit Öl auspinseln, Teig hineingeben, leicht ausrollen und mit den Fingerspitzen gleichmäßig in der Form verteilen.

§ Für den Belag Datteln 30 Minuten in Wasser einweichen und mit dem Einweichwasser pürieren.

§ Backofen auf 180 °C vorheizen.

§ Mohn mit Mandeln im Mixer oder in der Küchenmaschine fein mahlen. Naturreis in der Getreidemühle mahlen.

§ Wasser bis kurz unter den Siedepunkt erhitzen, Mohn, Mandeln und Reismehl hineinrühren, aufkochen, den Topf vom Herd ziehen und die Masse kurz ausquellen lassen. Rosinen, Dattelpüree und Vanille dazugeben.

§ Äpfel halbieren und Kernhaus entfernen. Apfelhälften grob raspeln und unter die Mohnmasse heben.

§ Den Belag gleichmäßig auf dem Kuchenboden verteilen.

§ Auf der zweiten Schiene von unten im vorgeheizten Backofen 45 Minuten backen.

BIENENSTICH

120 g	Datteln, entsteint
120 ml	Wasser
550 g	Dinkel oder Weizen, frisch gemahlen
¼ l	Wasser
1	Frischhefewürfel (42 g)
80 g	Sesam- oder Sonnenblumenöl
1	Zitrone, Schalenabrieb (Hinweis Seite 25)
1 Prise	Salz

Belag

100 g	Datteln, entsteint
100 ml	Wasser
3 EL	Sesamöl
200 g	Mandelblättchen

§ Datteln 30 Minuten in Wasser einweichen und mit dem Einweichwasser pürieren.

§ Dinkel- oder Weizenvollkornmehl in eine Schüssel geben und eine Vertiefung hineindrücken.

§ Hefe in lauwarmem Wasser auflösen und in die Vertiefung gießen. Einen Vorteig darin anrühren und mit Mehl bestäubt 15 Minuten gehen lassen.

§ Öl, Dattelpüree, Zitronenschale und Salz dazugeben. Alles zu einem geschmeidigen Teig verkneten und zugedeckt 30 Minuten gehen lassen.

§ Für den Belag Datteln 30 Minuten in Wasser einweichen und mit dem Einweichwasser pürieren.

§ Öl, Dattelpüree und Mandelblättchen miteinander verrühren und beiseitestellen.

§ Auf einem gefetteten Blech den Teig auswalken. Dabei ein nasses Tuch unter das Backblech legen, damit es nicht wegrutscht.

§ Belag auf dem Teig verteilen, Blech in den kalten Backofen schieben und bei 190 °C auf der zweiten Schiene von unten 25–30 Minuten backen.

Vanillecreme

60 g	Datteln, entsteint
60 ml	Wasser
100 g	Naturreis
500 ml	Wasser
100 g	Cashewkerne
100 g	Wasser
2 EL	weißes Mandelmus
2 TL	Johannisbrotkernmehl
½ TL	Vanillepulver oder -mark

§ Für die Creme Datteln 30 Minuten in Wasser einweichen, das Einweichwasser auffangen und die Datteln abtropfen lassen.Reis fein mahlen, in Wasser unter Rühren kurz aufkochen und etwas abkühlen lassen.

§ Cashews mit dem Wasser in den Mixer füllen und cremig pürieren. Mandelmus, Datteln, Johannisbrotkernmehl und Vanille dazugeben und das Ganze kräftig durchmixen. Bei Bedarf etwas von der Einweichflüssigkeit der Datteln hinzufügen und alles mit der Reiscreme verrühren.

§ Abgekühlten Kuchen in Portionsstücke schneiden, diese quer halbieren und mit Vanillecreme füllen. Im Kühlschrank fest werden lassen.

§ TIPPS §

Sollte der Teig einmal nicht gut aufgegangen sein, einfach nur in Stücke schneiden und eine Hälfte davon mit der Creme bestreichen und die Stücke der anderen Hälfte daraufsetzen.

Auch ohne Creme schmeckt der Mandel-Hefe-Kuchen gut. Sie können ihn dann nach Geschmack noch mit etwas Zimtpulver bestäuben.

Statt frischer Hefe ein Päckchen Trockenhefe unter das Mehl mischen, alle anderen Zutaten dazugeben und ohne Vorteig zu einem geschmeidigen Teig kneten, der 30 Minuten geht.

Als Zubereitungsvariante können Sie auch die Creme für die letzten fünf Backminuten auf dem Teig verteilen und mitbacken.

Für den Belag können Sie statt Sesamöl auch Sonnenblumen-, Raps oder Erdnussöl verwenden

CREMIGE BISKUITTORTE

für eine Springform mit 24 oder 26 cm Ø

120 g	Datteln, entsteint
120 ml	Wasser
80 ml	Sesamöl
150 ml	Mineralwasser
200 g	Getreide, z. B. Dinkel oder Dinkel mit Buchweizen 50:50 gemischt
1 Pck	Weinsteinbackpulver

dunkle Creme

200 g	Datteln, entsteint
200 ml	Wasser
120 g	Cashewkerne
120 ml	Wasser
1–2 EL	Mandel- oder Cashewmus
2 TL	Johannisbrotkernmehl
	Zimtpulver

§ TIPP §

Für eine *helle Creme* können Sie auch diese Variante verwenden:

250 g	getrocknete Apfelringe
500 g	Wasser
90 g	Cashewkerne, gemahlen
1–2 EL	Mandel- oder Cashewmus
2 TL	Johannisbrotkernmehl
	Zimtpulver

§ Apfelringe mit Wasser pürieren. Cashews und restliche Zutaten dazugeben und zu einer cremigen Masse mixen. Bei Bedarf noch etwas Wasser hinzufügen und statt der dunklen Creme auf den Tortenboden aufstreichen.

§ Datteln 30 Minuten in Wasser einweichen und mit dem Einweichwasser pürieren.

§ Backofen auf 180 °C vorheizen.

§ Öl, Dattelpüree und Wasser verrühren. Getreide fein mahlen, mit dem Backpulver vermengen und mit den flüssigen Zutaten verrühren.

§ Form mit Backpapier auslegen, Teig einfüllen und im vorgeheizten Backofen ca. 30 Minuten bei Ober-Unter-Hitze backen.

§ Sofort aus der Form nehmen, auf eine Platte stürzen, Backpapier abziehen und den Tortenboden auskühlen lassen.

§ Für die Creme Datteln 30 Minuten in Wasser einweichen und mit dem Einweichwasser pürieren.

§ Cashews mahlen und mit Wasser zum Dattelpüree geben und zu einer feinen Creme aufmixen. Mandel- oder Cashewmus, Johannisbrotkernmehl und Zimt dazugeben und nochmals durchmixen.

§ Creme auf den Tortenboden streichen, im Kühlschrank fest werden lassen und mit etwas Zimt bestäuben.

„DONAUWELLE"

Teig

330 g	Datteln, entsteint
330 ml	Wasser
250 g	Buchweizen, fein gemahlen
250 g	Dinkel oder Weizen, fein gemahlen
1 Pck	Weinsteinbackpulver
1 TL	Vanillepulver
250–275 ml	naturtrüber Apfelsaft
1 EL	Sonnenblumenöl
2 EL	Kakaopulver, durchgesiebt
500–1000 g	frische Sauerkirschen, entsteint

Puddingcreme

200 g	helle Trockenfrüchte
150 g	Datteln, entsteint
450 ml	Wasser
¼ l	Nuss- oder Musmilch (Seite 27)
¼ l	Wasser
90 g	Hartweizen, Weizen, Dinkel oder Kamut, frisch gemahlen
1 EL	Johannisbrotkernmehl
130 g	Cashewkerne
130 ml	Wasser
2–3 TL	Johannisbrotkernmehl
100 g	Haselnüsse
1–2 TL	Vanillepulver oder -mark
40 ml	Rum

Schokoladenguss

150 g	Datteln, entsteint
150 ml	Wasser
5 EL	Kakaopulver, durchgesiebt
5 TL	Johannisbrotkernmehl
5 EL	Wasser
5 EL	Mandelmusmilch (Seite 27)

§ Datteln 30 Minuten in Wasser einweichen und mit dem Einweichwasser pürieren.

§ Vollkornmehle mit Backpulver, Vanille, Apfelsaft und Öl verrühren.

§ Teig teilen, eine Hälfte auf ein geöltes Backblech streichen, die andere Hälfte mit Kakao vermengen und bei Bedarf noch etwas Wasser hinzufügen. Dunklen Teig glatt auf den hellen Teig streichen und mit Sauerkirschen belegen.

§ Im nicht vorgeheizten Backofen auf der mittleren Schiene bei 180 °C Ober-Unter-Hitze (Heißluft nur 160 °C) ca. 30 Minuten backen, danach den Kuchenteig auskühlen lassen.

§ Für die Creme Trockenfrüchte 30 Minuten in Wasser einweichen und mit dem Einweichwasser pürieren. Bei Bedarf noch etwas Wasser zugießen.

§ Nuss- oder Musmilch und Wasser mit Trockenfruchtpüree und Mehl unter Rühren aufkochen. Zugedeckt bei Zimmertemperatur auskühlen, dann Johannisbrotkernmehl darunterrühren.

§ Für den Nuss-Schmand Cashews in Wasser ca. 20 Minuten einweichen. Beides mit Johannisbrotkernmehl pürieren.

§ Haselnüsse fein mahlen, mit allen Cremezutaten verrühren und auf den Kuchen streichen.

§ Für den Guss Datteln 30 Minuten in Wasser einweichen und mit dem Einweichwasser pürieren.

§ Kakaopulver mit Johannisbrotkernmehl vermischen, in Wasser mithilfe eines kleinen Schneebesens rasch auflösen und alle Zutaten für den Guss miteinander verrühren. Schokoladenguss auf die Puddingcreme geben und mit einer Gabel oder Teigkarte mit Zacken wellenartig über den Schokoguss ziehen.

§ Für mehrere Stunden kühl stellen, am besten über Nacht.

EMMERKEKSE

ergibt ca. 30 Stück

80 g	Datteln, entsteint
80 ml	Wasser
200 g	Emmer
50 g	Mandeln, Haselnüsse oder andere Nüsse
½ EL	Weinsteinbackpulver
2 Msp	Vanillepulver oder -mark
50 g	Sonnenblumenöl

Abbildung Seite 191.

§ Datteln 30 Minuten in Wasser einweichen und mit der Einweichflüssigkeit pürieren.

§ Getreide und Nüsse getrennt fein mahlen. Zusammen mit Backpulver und Vanille vermischen.

§ Backofen auf 200 °C vorheizen.

§ Pürierte Datteln und Öl dazugeben. Alle Zutaten miteinander verkneten. Kleine, walnussgroße Kugeln formen und mit der Hand oder einer Gabel plattdrücken.

§ Backblech einölen und Plätzchen mit ausreichend Abstand darauf setzen.

§ Auf der mittleren Schiene im vorgeheizten Backofen ca. 10 Minuten backen.

TIPPS §

Jeweils eine ganze Nuss in die Plätzchen[45] drücken und mitbacken.

Verschiedene Variationen mit anderen Geschmackszutaten, z. B. Kakao und/oder Gewürzen, sind möglich.

Emmerkekse schmecken mit einer Schokoladen- oder Zitronenglasur (Seite 182) sehr gut.

Statt mit Emmer können Sie diese Plätzchen auch mit Weizen, Hartweizen, Dinkel oder Kamut zubereiten.

---

[45] Weitere vegane Plätzchenrezepte der Autorinnen finden Sie in dem Buch „Vollwert – Plätzchen & Konfekt" (ISBN 978-3-7750-0522-2, ebenfalls bei Hädecke erschienen).

MARMORKUCHEN

für eine Gugelhupf- oder Kranzform

400 g	Datteln, entsteint
400 ml	Wasser
450 g	Getreide, frisch gemahlen (z. B. Weizen, Dinkel, Einkorn, Emmer, Kamut; entweder gemischt, zwei Sorten oder einzeln)
2 EL	Johannisbrotkernmehl
1 Pck.	Weinsteinbackpulver
1 TL	Natron
½ TL	Vanillepulver oder -mark
½	Zitrone, Schalenabrieb und Saft (Hinweis Seite 25)
1 Prise	Salz
200 ml	Wasser
2–3 EL	weißes Mandelmus oder Cashewmus
150 g	natives Kokosöl, leicht erwärmt
4 EL	schwach entöltes Kakaopulver, durchgesiebt
4 EL	Wasser
1 TL	Mandelmus oder Cashewmus
	Öl und Vollkornsemmelbrösel für die Kuchenform

§ Datteln 30 Minuten in Wasser einweichen und mit dem Einweichwasser pürieren.

§ Mehl mit Johannisbrotkernmehl, Backpulver, Natron, Vanille, Zitronenschale und Salz vermischen.

§ Mandel- oder Cashewmus mit Wasser zur Musmilch aufmixen, mit Dattelpüree, Zitronensaft und Kokosöl cremig rühren und zur Mehlmischung geben. Alles gut miteinander verrühren.

§ Backofen auf 180 °C vorheizen.

§ Kuchenform gut einölen und mit den Semmelbröseln ausstreuen. Zwei Drittel der Teigmasse in die Form einfüllen.

§ Mandel- oder Nussmus mit Wasser zur Musmilch aufmixen und mit Kakaopulver unter den restlichen Teig rühren.

§ Den dunklen Teig auf den hellen geben und diesen mit einer Gabel spiralförmig unter die helle Masse ziehen.

§ Den Kuchen im vorgeheizten Backofen auf der zweiten Schiene von unten ca. 60 Minuten backen. Zur Garprobe mit einem Holzstäbchen schräg in den Kuchen stechen: Wenn kein Teig mehr hängen bleibt, ist der Kuchen fertig. Bei Bedarf noch im Backofen belassen, bis der Kuchen durchgebacken ist.

§ Kuchenform aus dem Ofen nehmen, einige Minuten auf einem Gitter stehen lassen, dann vorsichtig aus der Form auf eine Kuchenplatte stürzen und abkühlen lassen.

§ TIPPS §

Eine Nuance heller wird der Teig mit Kamut und Einkorn. Da der Kuchen nur aus Kamutmehl zu bröselig würde, noch Einkorn oder eine andere Getreidesorte dazumischen.

Statt Kokosöl können auch 150 ml Sonnenblumenöl verwendet werden.

Wenn Sie den Kuchen noch süßer haben möchten, einfach noch mehr Datteln verwenden.

Der Kuchen schmeckt auch mit einer Schokoladenglasur (siehe Seite 182) gut.

MARMORMUFFINS

150 g	Datteln, entsteint
150 ml	Wasser
250 g	Dinkel oder Weizen
½ Pck.	Weinsteinbackpulver
1 EL	Johannisbrotkernmehl
1 TL	Natron
1 Prise	Salz
100 g	Sonnenblumen- oder Sesamöl
1–2 EL	Mandel- oder Cashewmus
¼ l	Wasser
3 EL	schwach entöltes Kakaopulver, durchgesiebt

Abbildung nebenstehend.

§ TIPP §

Wem der Teig nicht süß genug ist, kann die Dattelmenge auf 200 g oder mehr erhöhen. Auch andere, neutral schmeckende Öle sind für das Rezept geeignet.

§ Datteln 30 Minuten in Wasser einweichen und it dem Einweichwasser pürieren.

§ Backofen auf 175 °C Ober-Unter-Hitze vorheizen.

§ Getreide fein mahlen, mit Backpulver, Johannisbrotkernmehl, Natron und Salz mischen.

§ Mandel- oder Nussmus mit Wasser aufmixen und in einer separaten Schüssel mit Dattelpüree und Öl verrühren. Die Mehlmischung hinzufügen und kurz durchrühren.

§ Muffinformen einölen oder Papierbackförmchen für Muffins in die Vertiefungen legen.

§ Einen Esslöffel des Teigs in jede Vertiefung geben. Den restlichen Teig mit Kakaopulver verrühren und gleichmäßig auf die Förmchen aufteilen. Mithilfe einer Gabel oder eines Holzstäbchens die Kakaomasse vorsichtig durch den hellen Teig ziehen, um ein schönes Muster zu bekommen.

§ Auf der mittleren Schiene im vorgeheizten Backofen 15–20 Minuten backen.

§ Muffins in der Form einige Minuten auf ein Gitter stellen und erst nach etwas Ruhezeit herausnehmen und auf dem Gitter auskühlen lassen.

NUSSCREMETORTE

für eine Springform mit 26 cm Ø

Teig

250 g	Datteln, entsteint
250 ml	Wasser
200 g	Mandeln oder Haselnüsse (auch gemischt)
200 g	Dinkel- oder Weizenvollkorngrieß
2 EL	Johannisbrotkernmehl
1 Pck.	Weinsteinbackpulver
1 Prise	Steinsalz
100 ml	naturtrüber Apfelsaft oder Orangensaft, frisch gepresst (auch gemischt)
	Öl und Vollkornmehl oder Semmelbrösel für die Form

Creme

200 g	Trockenfrüchte, z. B. bestehend aus 1/3 Aprikosen, 1/3 Ananas und 1/3 Mango (Hinweise Seite 25)
250 ml	Wasser
80 g	Naturreis
350 ml	Wasser
100 g	Mandel- oder Cashewmus (auch gemischt)
1–2 Msp	Vanillepulver oder -mark
½	Zitrone, Schalenabrieb (Hinweise Seite 25)
3 TL	Johannisbrotkernmehl

Garnitur

2–3 EL	Haselnüsse, frisch gemahlen, oder Mandeln, gehackt

§ Datteln 30 Minuten in Wasser einweichen und mit dem Einweichwasser pürieren.

§ Backofen auf 180 °C vorheizen.

§ Nüsse mahlen und mit den restlichen trockenen Teigzutaten vermischen. Flüssigkeit und Dattelpüree dazugeben, gut verrühren und ca. 15 Minuten ruhen lassen.

§ Springform mit Öl auspinseln und etwas mit Mehl bestäuben oder mit Semmelbröseln ausstreuen. Teig in die Form füllen und im vorgeheizten Backofen (Ober-Unter-Hitze) auf der zweiten Schiene von unten zehn Minuten backen, dann die Hitze auf 160 °C reduzieren und noch 25–30 Minuten fertig backen.

§ Auf einem Kuchengitter in der Form auskühlen lassen. Danach die Torte mithilfe einer Tortenhilfe auf einen Tortenteller gleiten lassen.

§ Für die Creme Trockenfrüchte nach Wahl eine Stunde in Wasser einweichen und mit dem Einweichwasser pürieren. Bei Bedarf noch etwas Wasser ergänzen.

§ Reis mahlen und mit Wasser kurz aufkochen, etwas abkühlen lassen.

§ Restliche Zutaten und Trockenfruchtpüree mit dem Handrührgerät unter die Reiscreme rühren und im Kühlschrank etwas fest werden lassen.

§ Creme auf den erkalteten Tortenboden streichen.

§ Haselnussmehl oder Mandeln fettfrei in einer Pfanne rösten und über die Nusscreme streuen. Torte bis zum Verzehr kühl stellen.

Statt des Johannisbrotkernmehls 2 EL gemahlene Kichererbsen verwenden.

Datteln für den Teig in naturtrübem Apfelsaft oder frisch gepresstem Orangensaft einweichen, dann wird der Geschmack des Teigs fruchtiger.

Eine weitere Trockenfruchtkombination für die Creme besteht z. B. aus entsteinten Datteln mit Apfelringen. Die Flüssigkeitsmenge zum Pürieren dann entsprechend anpassen.

Auf dem abgekühlten Tortenboden zusätzlich noch z. B. Stachel-, Johannisbeeren, entsteinte Kirschen, Bananenscheiben oder eine Mischung aus geraspelten Äpfeln, die mit Zimtpulver und Zitronensaft vermischt wurden, verteilen. Darauf dann die Creme geben.

Als zusätzlicher Belag unter den Früchten kann noch eine vegane „Butter"-Creme auf dem Tortenboden glatt gestrichen werden. Für die Creme einfach nur das vegane „Butter"-Rezept (Seite 82) statt mit Salz mit pürierten Trockenfrüchten – am besten am Vortag – zubereiten.

RUNDER OBST-HEFE-KUCHEN

für eine Springform mit 26 cm Ø

Teig

½	Teigmenge des Rezepts für den Obstkuchen vom Blech

Belag

3	große Äpfel
½	Zitrone, Saft
	Zimtpulver

Guss

30 g	Datteln, entsteint
30 ml	Wasser
3–4 EL	Wasser

§ Backofen auf 200 °C vorheizen.

§ Teig in einer eingeölten Springform mit den Händen glatt drücken und am Rand etwas hochziehen.

§ Äpfel schälen, in Achtel schneiden, Kernhaus entfernen und Zitronensaft über die Achtel geben.

§ Äpfel auf den Teig legen und mit etwas Zimt bestreuen.

§ Auf der zweiten Schiene von unten im vorgeheizten Backofen 30 Minuten backen.

§ Für den Guss Datteln 30 Minuten in Wasser einweichen und mit dem Einweichwasser pürieren. Dattelpüree mit etwas Wasser glatt rühren, fünf Minuten vor Backende über die Äpfel gießen und fertig backen.

OBSTKUCHEN VOM BLECH

Teig

120 g	Datteln, entsteint
120 ml	Wasser
¼ l	Wasser
1	Frischhefewürfel (42 g)
550 g	Weizen- oder Dinkel, frisch gemahlen
80 g	Sonnenblumenöl
1	Zitrone, Schalenabrieb (Hinweise Seite 25) und Saft
1 Msp	Steinsalz

Belag

1,2 kg	Äpfel
	Zimtpulver

Streusel

60 g	Datteln, entsteint
60 ml	Wasser
400 g	Weizen oder Dinkel, frisch gemahlen
160 g	Sonnenblumenöl
2 EL	Misch- oder Haselnussmus
4 EL	Hafer, frisch gequetscht

§ Datteln 30 Minuten in Wasser einweichen und mit dem Einweichwasser pürieren.

§ Dinkel- oder Weizenvollkornmehl in eine Schüssel geben und eine Vertiefung hineindrücken.

§ Hefe in lauwarmem Wasser auflösen und in die Vertiefung gießen. Einen Vorteig darin anrühren und mit Mehl bestäubt 15 Minuten gehen lassen.

§ Öl, Dattelpüree, Zitronenschale (Saft wird für den Belag verwendet) und Salz dazugeben. Alles gut zu einem geschmeidigen Teig verkneten und 30 Minuten zugedeckt gehen lassen.

§ Äpfel schälen, vierteln und Kernhaus entfernen. Apfelviertel in dünne Scheiben schneiden mit Zitronensaft benetzen.

§ Auf einem gefetteten Blech den Teig mit den Händen oder einem Wellholz auswalken. Dabei ein nasses Tuch unter das Backblech legen, damit es nicht wegrutscht.

§ Den Teig dicht mit Äpfeln belegen und mit Zimt bestreuen.

§ Für die Streusel Datteln 30 Minuten in Wasser einweichen und mit dem Einweichwasser pürieren.

§ Dattelpüree mit den restlichen Zutaten vermengen, mit den Fingern Streusel rubbeln und den Belag damit bedecken.

§ Blech in den kalten Backofen auf der zweiten Schiene von unten einschieben und bei 200 °C ca. 35 Minuten backen.

Anstelle des Streuselbelags kann das Obst auch auf einer Creme verteilt werden:

Creme	
100 g	Datteln, entsteint
100 ml	Wasser
100 g	Naturreis, gemahlen
400 ml	Wasser
3 TL	Zitronen- oder Orangensaft
4 EL	helles Mandel- oder Cashewmus
2–3 Msp	Vanillepulver oder -mark

§ Datteln 30 Minuten in Wasser einweichen und mit dem Einweichwasser pürieren.

§ Reismehl in Wasser kurz aufkochen, abkühlen lassen. Dann alle Zutaten miteinander verrühren.

§ Reiscreme auf dem Teig verteilen und darauf das Obst legen. Nach Geschmack noch mit Mandelblättchen oder 2–3 EL gemahlenen Cashews bestreuen und den Kuchen wie oben beschrieben backen. Oder die Reiscreme erst zehn Minuten vor Backende über den Belag geben.

§ Die Reiscreme wird heller, wenn die Datteln durch 250 g Apfelringe ersetzt und mit 500 ml Wasser ohne Einweichzeit püriert werden.

Als Obstbelag eignen sich zudem entsteinte Mirabellen, Zwetschgen oder Kirschen als auch Johannis-, Stachel- oder Heidelbeeren. Bei Steinobst ca. 1¼–1½ kg rechnen, das halbiert, entsteint und bei besonders großen Früchten nochmals halbiert werden muss.

Statt Frischhefe ein Päckchen Trockenhefe verwenden, die mit Mehl vermischt wird. Dann mit den restlichen Zutaten verkneten und 30 Minuten zugedeckt gehen lassen.

Die Streuselmenge kann bei diesem Rezept ganz nach Geschmack auch reduziert werden. Für ein süßeres Ergebnis einfach noch mehr Dattelpüree verwenden.

Für einen schöneren Hell-Dunkel-Kontrast noch 2–3 EL gemahlene Cashewkerne zusätzlich über die Streusel geben.

OBSTKUCHEN MIT TORTENGUSS

Teig

200 g	Datteln, entsteint
200 ml	Wasser
200 g	Weizen, frisch gemahlen
100 g	Mandeln
2 Msp	Vanillepulver oder -mark
2 TL	Weinsteinbackpulver
1 EL	Johannisbrotkernmehl
60 g	Sonnenblumen-, Sesam-, Rapsöl oder ein anderes neutral schmeckendes Öl
	Öl für die Form

Belag

	Obst nach Wahl, küchenfertig (z. B. Erdbeeren, Kirschen, Bananen, Kiwis, Pfirsiche)

Tortenguss

¼ l	naturtrüber Apfelsaft (oder bei TK-Früchten die Auftauflüssigkeit)
4–5	Datteln, entsteint
1 TL	Agar-Agar
1 Msp	Vanillepulver oder -mark
1 Msp	Zimtpulver

§ Datteln 30 Minuten in Wasser einweichen und mit dem Einweichwasser pürieren.

§ Backofen auf 200 °C aufheizen.

§ Weizenvollkornmehl mit fein geriebenen Mandeln, Vanille, Backpulver und Johannisbrotkernmehl mischen. Mit Öl und Dattelpüree gut durchkneten und den Teig etwas ruhen lassen.

§ Eine Obstkuchenform mit gerilltem Rand mit etwas Öl auspinseln und den Teig hineindrücken.

§ Im vorgeheizten Backofen auf der mittleren Schiene 15–20 Minuten backen. Auf einem Gitter auskühlen lassen, vorsichtig aus der Form heben und den Boden auf eine runde Kuchenplatte gleiten lassen.

§ Kuchenboden mit Obst nach Wahl belegen; mehrere Sorten ergeben ein schönes Muster.

§ Für den Guss alle Zutaten in einen Mixer geben, 30 Minuten einweichen, dann pürieren und durch ein Sieb gießen.

§ Guss in einen Topf unter Rühren zum Kochen bringen und 2–3 Minuten kochen lassen. Esslöffelweise von der Mitte nach außen über das Obst gießen. Der Guss wird beim Erkalten fest.

§ TIPPS §

Statt Johannisbrotkernmehl gemahlene Kichererbsen verwenden.

Noch fruchtiger schmeckt der Kuchen, wenn Sie 150 g rote Frischkostmarmelade (siehe Seite 86) auf den Kuchenboden streichen und dann das Obst darauf verteilen.

ORANGENCREMETORTE

für eine Springform mit 24 oder 26 cm Ø

120 g	Datteln, entsteint
120 ml	Wasser
200 g	Dinkel
1 Pck	Weinsteinbackpulver
100 ml	Mineralwasser
80 ml	Sesam- oder Sonnenblumenöl
1	Banane

Orangencreme

100 g	Cashewkerne
3	Orangen, Saft und Schalenabrieb (Hinweis Seite 25)
200 g	Aprikosen, getrocknet
250 ml	Wasser
3 EL	Mandelmus
3 TL	Johannisbrotkernmehl

Abbildung Seite 198/199.

§ TIPPS §

Noch fruchtiger wird die Torte, wenn auf die Creme Mandarinenschnitzen oder anderes Obst wie Bananenscheiben gelegt und mit einem Tortenguss (siehe Seite 196) bedeckt werden. Eine andere Variante ist es, das Obst zuerst auf dem Tortenboden zu verteilen, den Tortenguss darüberzugießen und ihn fest werden zu lassen. Zum Schluss wir dann die Creme darauf verteilt.

§ Datteln 30 Minuten in Wasser einweichen und mit dem Einweichwasser pürieren.

§ Backofen auf 180 °C aufheizen.

§ Dinkel fein mahlen und mit Backpulver vermengen. Wasser, Öl und Dattelpüree verrühren und zur Mehlmischung geben.

§ Banane schälen, mit der Gabel zerdrücken oder im Mixer cremig pürieren und unter die restlichen Zutaten rühren.

§ Kuchenform mit Backpapier auslegen, Teig einfüllen und im vorgeheizten Backofen auf dem Rost der mittleren Schiene stehend 30 Minuten backen.

§ Sofort aus der Form nehmen, auf eine Platte stürzen, das Backpapier abziehen und auskühlen lassen.

§ Für die Creme Cashews in Orangensaft einweichen. Aprikosen mit Wasser in einem Mixer ca. eine Stunde einweichen.

§ Cashewkerne mit Saft, Orangenschale und Mandelmus zu den Aprikosen geben und zu einer feinen Creme pürieren. Johannisbrotkernmehl hinzufügen und nochmals aufmixen.

§ Creme einige Zeit kühl stellen und fest werden lassen. Dann auf den Tortenboden streichen und die Torte im Kühlschrank bis zum Servieren aufbewahren.

PFLAUMENKUCHEN MIT STREUSELN UND CASHEWCREME

Teig

550 g	Dinkel, frisch gemahlen
¼ l	Wasser
1	Frischhefewürfel (42 g)
80 g	Sonnenblumenöl
120 g	Datteln, entsteint
120 ml	Wasser
1	Zitrone, Schalenabrieb (Hinweis Seite 25)
1 Prise	Salz

Cashewcreme

300 g	Cashewkerne
300 ml	Wasser
60 g	Datteln, entsteint
	Zimt- oder Vanillepulver
	Zitronensaft (optional)

Belag

1 ½ kg	Pflaumen
	Zimtpulver

Streusel

30 g	Datteln, entsteint
30 ml	Wasser
200 g	Dinkel, frisch gemahlen
80 g	Sonnenblumenöl
1 EL	Misch- oder Haselnussmus
2 EL	Hafer, frisch gequetscht

Abbildung Seite 198/199.

§ Datteln 30 Minuten in Wasser einweichen und mit dem Einweichwasser pürieren.

§ Dinkel- oder Weizenvollkornmehl in eine Schüssel geben und eine Vertiefung hineindrücken.

§ Hefe in lauwarmem Wasser auflösen und in die Vertiefung gießen. Einen Vorteig darin anrühren und mit Mehl bestäubt 15 Minuten gehen lassen.

§ Öl, Dattelpüree, Zitronenschale (Saft wird für den Belag verwendet) und Salz dazugeben. Alles gut zu einem geschmeidigen Teig kneten und 30 Minuten zugedeckt gehen lassen.

§ Für den Belag Pflaumen waschen, halbieren und entsteinen.

§ Backblech fetten, Teig darauf ausrollen oder mit der Hand darauf ausziehen.

§ Backofen auf 200 °C vorheizen.

§ Für die Creme alle Zutaten in einem Mixer ca. 20 Minuten einweichen, dann alles zu einer cremigen Masse pürieren.

§ Creme auf der Hälfte des Teigs verstreichen. Beide Hälften des Kuchenbodens dicht mit Pflaumen belegen und mit etwas Zimt bestreuen.

§ Für die Streusel Datteln 30 Minuten in Wasser einweichen und mit dem Einweichwasser pürieren. Mit den restlichen Zutaten verkneten und auf die Hälfte des Kuchens bröseln, bei dem unter den Pflaumen keine Creme ist.

§ Blech auf der zweiten Schiene von unten einschieben und den Kuchen im vorgeheizten Backofen 35–40 Minuten bei Ober-Unter-Hitze backen (Heißluft: 30–35 Minuten).

§ TIPPS §

Für den Teig statt Frischhefe ein Päckchen Trockenhefe verwenden, die mit Mehl vermischt wird. Dann mit den restlichen Zutaten verkneten und 30 Minuten zugedeckt gehen lassen.

Als Obstbelag eignen sich zudem entsteinte Mirabellen oder Kirschen, Äpfel (ca. 1,2 kg) als auch Johannis-, Stachel- oder Heidelbeeren.

Der Belag kann mit Mandelblättchen oder 1–2 EL gemahlenen Cashews bestreut und mitgebacken werden.

Die Streuselmenge kann bei diesem Rezept ganz nach Geschmack auch reduziert werden.

Für ein süßeres Ergebnis einfach noch mehr Dattelpüree verwenden.

Für einen schöneren Hell-Dunkel-Kontrast noch 2–3 EL gemahlene Cashews zusätzlich über die Streusel geben.

Cashewcreme mit 150 g getrocknete Apfelringen statt Datteln zubereiten, dann die Wassermenge erhöhen, damit sich die Masse gut pürieren lässt. Diese Cremevariante ist heller als die oben im Rezept angegebene und kann auch erst fünf bis zehn Minuten vor Backende auf den Obstbelag gegeben werden.

RHABARBERKUCHEN

für eine Springform mit 26 cm Ø

Mürbeteig

160 g	Datteln, entsteint
160 ml	Wasser
300 g	Weizen oder Dinkel, frisch gemahlen
2 Msp	Vanillepulver oder -mark
2 TL	Weinsteinbackpulver
50 g	Sonnenblumen-, Sesam-, Raps- oder ein anderes neutral schmeckendes Öl
4 EL	Hafer, frisch gequetscht

Belag

ca. 700 g	Rhabarber oder 350 g Rhabarber und 350 g Äpfel

Nussguss

200 g	getrocknete Aprikosen
200 ml	Wasser
150 g	Haselnüsse
1 TL	Zimtpulver
3 EL	Nuss- oder Musmilch (siehe Seite 27)
50 g	Öl

§ Datteln 30 Minuten in Wasser einweichen und mit dem Einweichwasser pürieren.

§ Vollkornmehl mit Vanille und Backpulver mischen. Öl und Dattelpüree dazugeben, gut durchkneten und den Teig etwa 30 Minuten ruhen lassen.

§ Teig auf dem Boden einer geölten runden Kuchenform verteilen, mit Haferflocken bestreuen und etwas andrücken.

§ Rhabarber waschen und nur dann schälen, wenn er nicht mehr jung ist. Rhabarber in zentimeterdicke Stücke schneiden. Falls Äpfel verwendet werden, diese schälen, halbieren, Kernhaus entfernen und die Hälften in Stifte schneiden. Äpfel unter die Rhabarberstücke mischen.

§ Das Obst auf dem Teig verteilen.

§ Backofen auf 175 °C vorheizen.

§ Für den Nussguss Aprikosen 30 Minuten in Wasser einweichen und mit dem Einweichwasser pürieren.

§ Haselnüsse fein mahlen und mit Zimt vermischen. Musmilch, Öl und Aprikosenpüree darunterrühren. Den Guss auf dem Obst verteilen.

§ Kuchen auf der mittleren Schiene des vorgeheizten Backofens 40 Minuten backen.

§ Auf einem Gitter auskühlen lassen.

§ TIPPS §

Für einen süßeren Teig 200 g Datteln mit entsprechend erhöhter Wassermenge verwenden. Außerhalb der Saison schmeckt der Kuchen auch als reiner Apfelkuchen sehr gut.

SCHOKO-BANANEN-TORTE

für eine Springform mit 26 oder 28 cm Ø

Teig

120 g	Datteln, entsteint
120 ml	Wasser
80 ml	Sonnenblumenöl
150 ml	Mineralwasser
200 g	Weizen oder Dinkel
2 TL	Weinsteinbackpulver

Belag

3	Bananen
1	Zitrone, Saft

Schokocreme

200 g	Haselnüsse oder Mandeln, fein gemahlen
40-60 g	Datteln, entsteint
120 ml	Wasser
3 EL	Sonnenblumenöl
1 ½ EL	Kakao
3 EL	Haselnuss- oder Mandelmus

§ Datteln 30 Minuten in Wasser einweichen und mit dem Einweichwasser pürieren.

§ Backofen auf 180 °C vorheizen.

§ Sonnenblumenöl, Dattelpüree und Mineralwasser verrühren. Getreide frisch mahlen, mit dem Backpulver vermischen und mit der Flüssigkeit vermengen.

§ Kuchenform mit Backpapier auslegen, Teig einfüllen und im vorgeheizten Backofen ca. 30 Minuten bei Ober-Unter-Hitze backen.

§ Sofort aus der Form nehmen, auf eine Platte stürzen, Backpapier abziehen und den Tortenboden auskühlen lassen.

§ Bananen schälen, in dicke Scheiben schneiden und mit dem Zitronensaft bestreichen.

§ Bananenscheiben auf den Tortenboden legen.

§ Für die Schokocreme alle Zutaten miteinander verrühren. Creme gleichmäßig auf der Torte verteilen und kühl stellen.

§ TIPPS §

Auch andere Schokocremes (siehe Seite 86 und 88) können für diese Torte verwendet werden. Dieser eifreie *Biskuit* ist eine gute Grundlage für andere *Obstkuchen*.

Statt Dattelpüree kann der Biskuit auch mit 3–4 reifen Bananen (ca. 250 g) gesüßt werden, die ohne weitere Flüssigkeit glatt püriert mit dem Öl vermischt werden. Dann in den Zutaten 120 g Datteln und 120 ml Wasser weglassen.

FRUCHT-SHAKE

frische Früchte oder TK-Ware

Wasser

Datteln oder andere Trockenfrüchte

§ Früchte mit etwas Wasser in einen Mixer füllen. Datteln, entsteint oder andere Trockenfrüchte nach Geschmack dazugeben und gut durchmixen.

§ TIPPS §

Statt der Trockenfrüchte mit einer geschälten Banane süßen.

Gekühlt mit Eiswürfeln servieren.

KAKAOGETRÄNK

für 1 Portion

200 ml	Wasser
1 EL	Nussmus, z. B. Cashew-, Hasel-nuss-, Mischmus, oder Mandel-mus
2–3 TL	Kakao- oder Carobpulver
4–6	Datteln, entsteint

§ Alle Zutaten in einem Mixer ca. 30 Minuten einweichen und dann pürieren. Bei Bedarf durch ein Sieb gießen.

§ Für einen heißen Kakao die Flüssigkeit in einem Topf auf Trinktemperatur erwärmen.

§ TIPPS §

Mit Vanillemark und/oder Kokosöl aromatisieren.

Gekühlt mit Eiswürfeln servieren.

MOKKA-SHAKE

für 1 Portion

	Grundrezept veganer „Milch"-Shake mit Bananen (siehe Seite 209)
2–3 TL	Getreidekaffeepulver
	Zimtpulver (optional)

§ Alle Zutaten schaumig aufmixen.

§ TIPP §
Gekühlt mit Eiswürfeln servieren.

NUSSMILCH

für 1–2 Portionen

40 g	Cashewkerne
3–4	Datteln, entsteint
200 ml	Wasser

§ Cashews und Datteln in Wasser ca. 30 Minuten einweichen.
§ Alles im Mixer pürieren und bei Bedarf durch Sieb abgießen.

§ TIPP §
Statt Cashewkernen 2 EL Cashew- oder Mandelmus verwenden.

PIÑA COLADA

für 2 Portionen

¼ l	Wasser
⅛–¼	frische Ananas, in Stücken
2	Bananen, geschält und in Stücken
2 EL	Mandelmus
2 EL	Kokosöl, im Warmwasserbad erwärmt
2 EL	Rum (optional)

Abbildung Seite 204.

§ Alle Zutaten im Mixer schaumig aufmixen. Bei Kindern den Rum weglassen.

§ TIPP §

Je nach Süßungswunsch noch wenige Datteln mitmixen. Dann die Zutaten im Mixer vor dem Pürieren 30 Minuten einweichen und vor dem Trinken bei Bedarf durch ein feines Sieb abgießen.

CREMIGER ROOIBOSTEE

für 1 Portion

1 TL	Rooibostee nach Geschmack
¼ l	Wasser
2–3	Datteln, entsteint
1 TL	Mandel- oder Cashewmus

§ Tee mit kochendem Wasser überbrühen und fünf bis zehn Minuten ziehen lassen.
§ Tee durch ein Sieb in einen Mixer abseihen. Datteln und Nussmus dazugeben und etwas ziehen lassen.
§ Alles aufmixen und bei Bedarf durch ein Sieb abgießen.

§ HINWEIS §

Rooibostee gibt es pur, mit Gewürzen oder Zitrusfrüchten aromatisiert. Pro Tasse ist ein Teelöffel zu rechnen. Der Tee ist auch für Eistee gut geeignet. Guter Rooibostee lässt sich wie Grüntee bis zu dreimal aufgießen.

SCHOKO-BANANEN-SHAKE

für 1 Portion

¼ l	Wasser
1–2	Bananen, geschält und in Stücken
1½–2 EL	Kakao- oder Carobpulver
2–3 EL	Haselnuss-, Misch- oder Mandel-mus

§ Alle Zutaten im Mixer schaumig aufmixen.

TRINKSCHOKOLADE

für 2 Portionen

½ l	Wasser
2 EL	schwach entöltes Kakaopulver, durchgesiebt
10–12	Datteln, entsteint
3–4 TL	weißes Mandelmus
14	Cashewkerne
	etwas Zimtpulver

§ Alle Zutaten in einem Mixer ca. 30 Minuten einweichen, dann alles pürieren und durch ein Sieb abgießen.

§ Für eine heiße Trinkschokolade die Flüssigkeit in einem Topf auf Trinktemperatur erwärmen.

VEGANER „MILCH"-SHAKE

für 1 Portion

40 g	Cashewkerne
200 ml	Wasser
2	Bananen, geschält, oder anderes Obst

§ Für die Nussmilch Cashews ca. 20 Minuten in Wasser einweichen und mit dem Einweichwasser pürieren.

§ Obst hinzufügen und schaumig aufmixen.

§ TIPPS §

Zum Süßen des Shakes eignen sich Trockenfrüchte wie entsteinte Datteln, getrocknete Apfelringe, Ananasstücke und Aprikosen. Nach Geschmack mit den Cashews einweichen und wie oben weiterverfahren. Bei Bedarf dann durch ein Sieb abgießen.

Satt der Cashews 1–2 EL Mandel- oder Cashewmus verwenden und nach Geschmack etwas Zitronensaft hinzufügen.

Für einen *Eis-„Milch"-Shake* einfach gefrorene Früchte verwenden und sämig aufmixen.

Noch cremiger wird der Shake, wenn 1–2 EL frisch gemahlenes oder geflocktes Getreide mitgemixt werden. Sie können den Shake dann wie ein schnelles Frischkorngericht genießen.

Der Shake lässt sich auch mit 1–2 TL Kokosöl aromatisieren. Dazu das Öl vor dem Mixen im Warmwasserbad verflüssigen.

Mit etwas Vanillepulver oder -mark wird daraus ein leckerer Vanilleshake. Mit etwas Safranpulver bekommt er einen schönen gelben Farbton.

YOGITEE

	Datteln, entsteint
	Nuss- oder Musmilch (siehe Seite 27)
½ TL	Ingwerpulver oder Ingwer, frisch gerieben
½ TL	Nelkenpulver
½ TL	Zimtpulver
½ TL	Kardamompulver
	Pfeffer nach Geschmack
1 l	Wasser

§ Datteln nach Geschmack in der gleichen Menge Musmilch 30 Minuten einweichen, dann mit der Flüssigkeit pürieren und bei Bedarf durch ein Sieb abgießen.

§ Gewürze 15 Minuten in Wasser kochen und mit der Dattel-„Milch" vermischen.

Abbildung Seite 204.

Anhang

Gedanken zur heutigen „Tierproduktion"

Als Nachwort dieses Buches ist es den Autorinnen wichtig, Sie über ihre Gedanken zur heutigen „Tierproduktion" zu informieren. Weiterführende Informationen zu diesen Themen sind über die im Anhang genannten Adressen (siehe Seite 212 f.) zu beziehen.

In der konventionellen Milchwirtschaft ist es üblich, ein 24 Stunden altes Kälbchen von seiner Mutter zu trennen, damit es zwischen Milchkuh und Kälbchen nicht zu einer starken Bindung kommt. Tierverhaltensforscher wissen jedoch, dass dieser Vorgang für die Tiere eine extreme Belastung ist und Leid bedeutet. Für das natürliche menschliche Empfinden erscheint die Trennung von Mutterkuh und Kalb ebenso herzlos wie naturwidrig – schließlich hat die Natur die Milch gerade für das Kälbchen vorgesehen und eine enge Kuh-Kalb-Beziehung ist von der Natur fest programmiert. Nur die unglaublich große Nachfrage nach Milch und Milchprodukten lässt diese einfachen Tatsachen vergessen und den Menschen willkürlich in diesen Schöpfungsplan eingreifen.

Nur der Mensch meint, artfremde Milch auch noch nach dem Säuglingsalter verzehren zu müssen, ebenso die Produkte, die daraus hergestellt werden. Doch die für die Tiere einschneidenden Folgen des hohen „Bedarfs" an Milch beschränken sich keineswegs auf die Zeit nach der Geburt. Fast alle männlichen Kälber landen bereits nach drei oder vier Monaten auf dem Schlachthof, die als Milchkühe genutzten weiblichen erst nach etwa vier Jahren. Von Natur aus könnten diese Tiere bis zu 25 Jahre alt werden.

Bis dahin werden die Kälber in engen Boxen gehalten, ohne Kontakt mit anderen Kälbern aufnehmen zu können, und es ist ihnen fast unmöglich, sich zu bewegen. In der Natur würden Kälber mit anderen Jungtieren spielen und sich auf einer Weide bewegen. Wenn sie in den Boxen ruhen, ist das nur in unnatürlichen Stellungen möglich. Der Markt verlangt helles Kalbfleisch, daher schränken die Produzenten Bewegungen der Kälber weitestgehend ein, denn Muskelfleisch ist rötlich. Außerdem enthält die Nahrung der Kälber möglichst wenig Eisen, was bei den Tieren eine Anämie (Blutarmut) hervorruft, die angeblich das Fleisch „verbessert".

In modernen Schweinemastbetrieben ist es ähnlich. Die Tiere stehen in stickiger Luft, denn das Öffnen eines Fensters könnte bedeuten, dass diese Tiere sofort erkranken. Auch diese durchaus intelligenten Tiere werden dicht an dicht gehalten, sodass sie sich kaum bewegen können.

Bei Besichtigungen solcher Betriebe mussten die Autorinnen einiges sehen, was den Vorstellungsrahmen eines normalen Verbrauchers sprengen dürfte. Sie könnten noch viele weitere Beispiele bringen, wie grausam die nur wirtschaftlichen Gesichtspunkten unterliegenden sogenannten Nutztiere fast durchgängig behandelt werden. Dies findet seine Fortsetzung in Schlachttiertransporten, im Schlachthof, in der Pelztierhaltung, aber auch im Zirkus, Zoo, bei der Jagd usw. Das Literaturverzeichnis am Ende des Buches nennt weiterführende Informationsquellen.[46]

---

[46] Interessante Internetseiten sind u.a. www.milch-den-kuehen.de und www.die-tierfreunde.de.

Intention des Buches ist es, im Bereich der Ernährung einen spürbaren Beitrag leisten zu können, die Unmenschlichkeit der sogenannten „Tierproduktion" gegenstandslos zu machen, indem Tiere als erfreuliche Geschöpfe dieser Erde und nicht als Nahrungsmittel angesehen werden. Albert Schweitzers Zitat möge hier zum Nachdenken anregen und dazu beitragen, dass sich der Mensch in seiner Haltung gegenüber den ihm ausgelieferten Tieren bewusst wird: „Ich bin Leben, das leben will, inmitten von Leben, das leben will."

Doch selbst, wer von Ihnen der Meinung ist, dass diese Umstände bei der Produktion von Nahrungsmitteln eben in Kauf genommen werden müssen, dem seien hier noch weitere Argumente für eine vegane vollwertige Ernährung genannt:

Der globale Treibhauseffekt wird zu einem Großteil durch die Tiermast angeheizt und in Zeiten des ökologischen Fußabdrucks schneiden Fleischesser deutlich schlechter ab, denn immerhin ist unsere Ernährung zu 20 % ein klimabeeinflussender Faktor. Und 44 % der im Ernährungsbereich verursachten Treibhausgase stammen aus der Erzeugung tierischer Lebensmittel.[47] Das renommierte Worldwatch Institute kam in einer weiteren Untersuchung sogar auf über 51 %.[48] Darüber hinaus bedeutet industrielle Fleischproduktion auch eine Verschwendung von Wasser und Energie, zudem stellt sie ein Umweltproblem (Entsorgung der Gülle, die stark mit Medikamenten versetzt ist) dar. Nicht zu vernachlässigen ist auch die Tatsache, dass durch den massenhaften Anbau von Futterpflanzen in Monokultur für die Tiermast wertvolles Land für den Anbau anderer Lebensmittel für die Bevölkerung dieser Regionen nicht mehr vorhanden ist – mit all ihren Auswirkungen wie Grundwasserverschmutzung durch Dünge- und Spritzmittel sowie Hunger. Laut Studien kann hingegen eine Ernährung ganz ohne Fleisch dazu beitragen, die ernährungsbedingten Treibhausgas-Emissionen um 63% zu senken – was zudem ein wichtiger Faktor für die Erhaltung der menschlichen Gesundheit weltweit wäre.[49]

Die meisten der heute chronischen Erkrankungen sind auf eine übermäßige Zufuhr tierischer Eiweiße zurückzuführen. Eine vollwertige und vegane Ernährung ist also aktive Prophylaxe und kann – im Falle der Erkrankung – deutlich zur Heilung beitragen (siehe auch Hinweise auf den Seiten 11 ff.).

[47] Quelle: Ernährung im Fokus, Ausgabe 07/2007.
[48] Quelle: „Livestock and Climate Change" von Robert Goodland und Jeff Anhang, World Watch, November/December 2009 (www.worldwatch.org).
[49] Quelle: „Eat less meat to avoid dangerous global warming, scientists say" von Fiona Harvey, die eine Studie von Wissenschaftlern der Oxford Martin School ausgewertet hat, 21.3.2016 (www.theguardian.com)

Über die Autorinnen

Annette Heimroth ist ärztlich geprüfte Gesundheitsberaterin GGB und Tierschutzlehrerin. Seit vielen Jahren leitet
sie Kurse zur vegetarischen Vollwertkost, Fastenseminare
und Frischkostwochen. Sie gibt Ernährungseinzelberatun-
gen und individuelle Beratungen zur Haut- und Haarge-
sundheit. Außerdem ist sie in Schulen und Kindergärten
aktiv und hält auf Wunsch diverse Fachvorträge.

Brigitte Bornschein ist Hauswirtschafterin in einer Einrichtung der Gemeinschaftsverpflegung und in ihrer Freizeit begeisterte Veganköchin.

Beide sind seit vielen Jahren Vegetarierinnen, inzwischen vegan,
und ernähren sich vollwertig. Sie unterstützen verschiedene Tier-
rechtsorganisationen und sind selbst häufig für Tierrechte
(www.tierrechte-fulda.de) aktiv.

Adressen, die weiterhelfen

Ihre Fragen und Anregungen sind den Autorinnen und dem Verlag herzlich willkommen.
Schreiben Sie an:
Autorinnen im Dialog
Hädecke Verlag GmbH & Co.KG
Postfach 1203
71256 Weil der Stadt (Deutschland).

Beim Leserservice des Verlags (leserservice@haedecke-verlag.de) können Sie per Mail zudem
kostenlos Informationen über Bücher zu gesunder oder vegetarischer Ernährung, aktuelle
Veranstaltungen und Kurse der Autorinnen sowie über Bezugsquellen der in den Rezepten
angegebenen Bio-Zutaten wie natives Kokosöl, zu Anbietern von Küchengeräten zur Frisch-
kosternährung (z. B. spezielle Entsafter) und von leistungsfähigen Haushaltsgetreidemühlen
anfordern.

Gesellschaft für Gesundheitsberatung GGB e.V.
Dr.-Max-Otto-Bruker-Str. 3
56112 Lahnstein/Rhein
Tel.: +49(0)2621/9170-17 und -18
www.ggb-lahnstein.de

Die GGB bietet u. a. Fortbildungen mit folgenden Schwerpunkten an: Krankheitsursachen,
Ernährungswissenschaft, Umweltgefahren, Kinderernährung und Lebensberatung. In mehr-
wöchigen Seminaren kann man sich zum/r Gesundheitsberater/in GGB ausbilden lassen. Die
GGB finanziert sich ausschließlich durch Spenden sowie durch Seminare und arbeitet völlig
unabhängig von wirtschaftlichen Interessengruppen.

Vegetarische und vegane Ernährung

Vegetarierbund Deutschland e.V. (VEBU)
Genthiner Straße 48
10785 Berlin
Tel.: +49(0)30/290282530
www.vebu.de

Vegane Gesellschaft Deutschland e.V.
Marienstr. 19/20
10117 Berlin
www.vegane-gesellschaft.org

Österreichische Vegetarier Union
Roßegg 41
8045 Graz (Österreich)
Tel.: +43(0)316/463717
www.vegetarier.at

Vegane Gesellschaft Österreich
Meidlinger Hauptstr. 63/6
1120 Wien (Österreich)
Tel.: +43(0)1/92914988
www.vegan.at

Schweizerische Vereinigung für Vegetarismus (SVV)
Niederfeldstr. 92
8408 Winterthur (Schweiz)
Tel.: +41(0)71/4773377
www.swissveg.ch

European Vegetarian Union (EVU)
Niederfeldstr. 92
8408 Winterthur (Schweiz)
Tel.: +41(0)71/4773377
www.euroveg.eu

Tierschutz

Animals' Angels e.V.
Rossertstr. 8
60323 Frankfurt/Main
Tel.: +49(0)69/70798170
www.animals-angels.de

Animal Rights Watch e.V.
Hirschbachstr. 57
73431 Aalen
Tel.: +49(0)7361/9754625
www.ariwa.org

Arbeitskreis Tierschutz im Unterricht
www.tierschutzlehrerinnen.de

PETA (People for the Ehthical Treatment of Animals) – Deutschland e.V.
Friolzheimer Str. 3 a
70499 Stuttgart
Tel.: +49(0)711/8605910
www.peta.de

Verein für Tierschutzunterricht
Neupauerweg 29 b
8052 Graz (Österreich)
Tel.: +43(0)316/581320
www.tierschutzimunterricht.org

Rezeptverzeichnis